不命令，讓孩子自己動起來！

しなさいと
言わない子育て

今天，
你對孩子說了幾次
「快去做！」呢？

「快點起床！」
「鞋子脫掉要記得放好！」
「快去寫功課！」
「刷牙要刷仔細喔！」
「不要再打電動了！」

每天的生活裡，
總是充斥著「快去做！」這類的話語。
要是孩子不需要催促就能自動自發，
那該有多好啊。

不用天天嘮叨，他們就能自己動起來，
光是想像就令人欣慰。

這本書就是要教大家，
如何實現這個理想場景的教養方式，
不用催促、不用吼罵，

不用追在孩子身後嚷嚷著「快去做！」

即使父母不開口下指令，
孩子也能主動動手去做。
不僅對自己充滿信心，
也能學會管理自己的情緒與行為。
這就是我所提倡的——**「不命令的教養」**。
這並不是要你徹底改變以往的育兒方式，

只要從心態開始著手調整就可以了。

育兒，是一趟終有結束的旅程。

我想和你分享一些魔法，

讓你和孩子的每一刻，都成為最幸福的時光。

你到底要玩到什麼時候？快點吃飯了！
飯煮好囉
看招～
喂，還不快去換衣服！
真是的—
不要再玩了！
啊哈哈哈哈
快一點，已經快遲到了！
你一點都不用心！
好啦…
唉…
今天又對孩子生氣了
反省
我能懂妳～
冒出來
明明不想命令孩子，有時卻不得不這麼做，很無奈對吧？
唉，好舒服唷

就是說啊……欸妳是誰？
驚
哈囉～♡
我叫博克重子，妳也可以叫我重子教練唷♡
每天從早到晚都是這樣……
唉
我真的一點都不想命令孩子
不如先把命令句改成「要不要試試看」吧！
就這樣嗎？
咦？那要試試看嘛？
呵呵呵呵♡
沒錯！就這樣。不需要大幅度的改變，這是會讓孩子產生劇烈變化的魔法唷～

真的嗎？
我還是有點不明白……
等孩子回來就試試看吧
我回來囉—
唉～好累喔
亂丟
亂丟
喂！
趕快去整理書包！
懶散
等等！要把命令句吞回來……
我忍
你要不要試著先去整理書包呢？
微笑
咦！
呃…好

他…他…竟然，整理了！
明明之前怎麼說都一動也不動耶！
呵呵呵♡
「試試看」這句話其實就是一起做的「提議」唷！
乾淨俐落
我從小就是被我爸媽不斷命令長大的呀…
NOOO!
文化衝擊
我也是…在命令式的教育下成長的我們，
感觸很深
自然而然就會小心看父母臉色，成為無法自己做任何決定的人呢！
人類就是種「一旦被命令就會不想做」的生物。
從心理學角度來說，這是人類的自然反應沒錯。
她是重子教練～
媽媽，她是誰啊？

在我小時候只要聽到命令，
快點去做
甩頭
確實不會乖乖聽話去做呢！
啊
咦？
然後就被父母扔出家門了～
有啊
冬天還特別冷呢～
媽媽有被扔出去過喔…？
總是聽到命令和指示，真的一點都不開心！
家長一定都希望孩子能夠開心快樂地成長對吧！所以一定很想知道該如何教養小孩吧？

為了培養孩子自己能夠感到快樂的能力，
幫助孩子做到這一點的，就是非認知能力！
非認知…能力…？
非
對嗎？
認知能力是指能透過測驗獲得具體分數的學科知識
90
IQ
非認知能力則是指肉眼看不見的能力
嗯～我還是有點不太懂耶！
那…該怎麼做呢？！
就是指這些能力唷
具體來說就是這些～
身為家長的我們，首先要幫助孩子營造能夠培養這些能力的環境。
自我肯定感
自主性
自信心
自制力
喔～

孩子會因為「快去做！」而不想動

你是不是也有過這樣的經驗？原本正想著要去打掃，結果一被說「快點去打掃！」，整個人瞬間就不想動了。

我自己小時候也是這樣，每當爸媽說「還不快去念書！」時，想念書的幹勁就會瞬間消失。「明明我正想去做，現在卻一點也不想了！」心裡產生抗拒，最後乾脆放棄不做了……相信很多人都有過這樣的經驗。

這種現象在心理學上稱為「心理反抗」（或作「心理反應」）**。當我們被命令「去做某件事」時，會感覺自己的行動和想法受到束縛，因而產生抵觸心理。**

在心理學的世界裡常說：「自己能控制自己，是人類大腦與生俱來的基本需求之一」；所以，人類是一旦被下達命令，就會更想要按照自己的意識來行動的生物。正因如此，即便知道「做這件事情」對自己有益，大腦還是會因為受到命令，認為自己的行為和思想受到限制而產生排斥感。

「快去做！」這句話會澆熄孩子的積極性，甚至讓他們產生反抗心理。

「明明不想命令孩子，卻還是忍不住說出口。」

「很多時候，還是不得不說『快去做』。」

我好像能聽到媽媽們在吶喊的聲音。

若總是依靠「快去做！」這樣的語句，給予指示、驅使孩子去做某件事，這其實是一種上對下的命令——也就是所謂「一個口令，一個動作」的教養方式。

習慣接收父母的「命令」，有時會剝奪掉孩子身上本來很珍貴的東西。

反觀「不命令的教養」，父母會將指使般的語句，轉變成引導式的提問與建議，向孩子提出：「你想怎麼做？」「這麼做如何？」「我們要不要試試看？」「一起來做做看吧」等，讓孩子擁有更多的選擇權與決定權。

在不強迫、不否定的環境中，孩子可以自由選擇、自由決定，也可以在父母的示範之下，選擇「一起做」的方式。在這個過程中，孩子會自然培養出：**「自行決定想做的事並付諸實行」的喜悅、「我做得到」的自信，與「接納真正的自己」的自我肯定感。**

孩子們只有在不受到過度命令時，才能學會照顧自己、依靠自己克服困難，並學會肯定自我——成為那種**「不用催就能自動自發，可以靠自己做到」的獨立孩子**。

不用推翻以往的方式，只要「切換角度」即可

在我們這一代成長的時代背景中，確實有許多教養方式，以現在的眼光來看，顯得相當極端。但當時，聽從家長的命令是理所當然的事。社會的主流思想就是以父母為中心的教養觀念，深信「父母的標準是唯一真理」、「孩子必須唯命是從」，體現出徹底管理、強調服從的育兒法則。

- 「照做就對了，父母說了算」的傳統上對下育兒模式
- 強調孩子非得「贏在起跑點」，學得「比別人更多」才能安心
- 效率至上
- 成為第一、贏過別人的孩子才算優秀

然而，若不把重點放在「這個孩子本身是怎樣的個體」，不從這一點出發，也不去理解他究竟喜歡什麼、在想什麼，只是一味依照自己的期待去塑造孩子，最終就只會養出一個「聽話的乖孩子」。

「乖巧聽話」的孩子，換個角度來看，就是「只會聽從命令行事」、「無法自己做決定與下判斷」，甚至是「只懂得察言觀色，凡事看父母臉色」的孩子。簡單地說，就是「迷失自我」的孩子。

身為父母，我們都不希望自己的孩子變成這個樣子吧？

孩子應該可以有更豐富、更多元的表現。如果是我，我會希望自己的孩子成為一個擁有自主性、高度自我肯定感，能夠開創自己人生，並且懂得與他人合作，共同創造更美好社會的人——這才是我期待孩子成長後的樣貌。

也就是，**「即使沒有人下達指命，也懂得愛惜自己，願意透過努力使自己成長，激勵自我；即使遇到挫折也能爬起來，繼續朝前奔赴的孩子」**。

那麼，想要培養出這樣的孩子，父母能做些什麼呢？

我在日本出生長大，後來在留學期間認識了來自美國的丈夫，並且在華盛頓特區開始我們的育兒生活。也因為這個契機，我開始長期關注並研究歐美的教養方式，一直持續在思考相關的課題。

「全美最優秀女高中生」從小開始做的事

在美國，有一項名為「全美最優秀女高中生」的大學獎學金選拔賽，至今已有超過六十年的歷史。每年，全國各地的優秀女孩都會參與這場競爭。

這場比賽所評量的不僅是學業成績，而是整個人的綜合素養——包括：學力、體力、溝通能力、同理心、領導力、團隊合作力，甚至是對社會的貢獻等。

在這場全方位的挑戰中，我的大女兒絲凱（當時十八歲）於二〇一七年榮獲總冠軍，也成為第一位獲得這項殊榮的日裔學生。這件事讓許多日本與美國的媒體開始關注我長年以來的教養方式。

轉眼五年過去，絲凱已從哥倫比亞大學畢業，目前在美國一家顧問公司，展開了她的職場人生。

在接受眾多媒體採訪時，我最常被問到的一個問題是：「您在教養孩子的過程中，最重視的是什麼？」

我的回答始終如一——**「培養非認知能力。」**

所謂「非認知能力」，顧名思義，就是與「認知能力」相對的能力。

「認知能力（Cognitive Skills）」指的是像考試成績、智力測驗（IQ）等，可以用具體數字衡量、看得見的知識或標準；而「非認知能力（Non-cognitive Skills）」則相反，它是指無法量化，也無法直接觀察到的內在素質。

非認知能力，是自我肯定感、自信心、自制力、自主性、好奇心、創造力、想像力、韌性、毅力、復原力、同理心、合作能力與社交能力等素質的總稱。

透過「不命令的教養」所培養出的，正是這些內在資質——孩子能具備自主性、高度的自我肯定感、堅持與耐力，內心柔軟且能自我控制，並具備從困難中重新站起來的心理韌性。

這些能力，濃縮起來就是五個字：非認知能力。

美國推行二十年的「非認知能力育兒」

非認知能力的概念，以及針對培育這種能力的「非認知能力育兒」，早在二十年前就已經率先在歐美的教育現場普及，遠遠領先於日本等亞洲國家的發展。

女兒剛出生不久，我接觸到這套教育方式。當時的我正努力思考：「該怎麼做，才能培養出一個無論面對任何狀況，都能自主開創人生的孩子？」

當我第一次看到「非認知能力」這個詞彙時，頓時豁然開朗。我對這個想法由衷感佩，並且立刻投入學習，翻閱大量書籍與論文，努力吸收相關知識。

後來，我找到一所特別重視非認知能力的幼稚園，讓女兒就讀，並開始在家庭教養中落實這些理念。

到了二〇二〇年，「非認知能力育兒」成為日本教育改革的熱門話題，相關書籍如雨後春筍，想必許多人也早有耳聞。

而我所提出的「不命令的教養」，也是基於我對「非認知能力育兒」深入調查、研究與實踐的總結，整理出最簡單易行的方法，讓大家能輕鬆運用於生活場景中。

這一點也不難。

不需要大幅改變以往的育兒方式。

我們需要做的，只是「調整心態」。以及，在教養孩子時增添一些與孩子互動的小巧思。本書以日常生活為基礎，目的是讓每個家庭的爸媽，都能採用當下最簡單又不花錢的方法，培養出願意自主行動、具備自我肯定和自我管理能力的孩子。

最重要的是，讓家長能以輕鬆愉快的心情享受育兒生活。

家長自身的幸福，比任何育兒方法都更重要，因為幸福是具有感染力的。

幸福的大人才能培養出幸福的孩子。

透過「不命令的教養」，讓父母和孩子每天都快樂——這就是我要介紹的育兒方式！

「認知能力」和「非認知能力」，哪個比較重要？

現在，我以「非認知能力育兒」為核心，為許多家長提供訓練課程，並以此為職業。在這過程中，我遇到各種不同類型的家長。

有些爸媽全力支持孩子熱衷的運動項目；有些則採用自然派育兒，讓孩子自由發揮天賦；也有許多人致力於私立國中小學的名校升學考。

我最常被問到的就是：會不會因為太重視非認知能力，導致荒廢了學業和考試？**到底認知能力和非認知能力，孰輕孰重？**

許多家長擔心，非認知能力不像功課成績等，有具體可見的成果；如果太著重在非認知能力的培養，反而讓孩子的認知能力發展不足，甚至落後於人，那該怎麼辦？

事實上，正確的觀念是——「認知能力」和「非認知能力」同等重要。

擁有非認知能力，才能促使認知能力持續成長與提升。

以學習英文為例：背單字、理解文法，以及訓練聽說能力，這些都屬於認知能力。

但光靠這些，英文並不會真正進步。

因為唯有具備「非認知能力」，英語才能真正進步。例如：想開口說英語的「好奇心」、主動嘗試的「自主性」、不怕犯錯的「積極性」、即使犯錯也不氣餒的「自我肯定感」、不斷嘗試改變的「彈性思維」，以及努力理解不懂的地方、堅持到底的「毅力」……這些都是支撐語言學習的關鍵性非認知能力。

不過，光有非認知能力還是不夠，若缺乏文法、單字等基礎知識，最終仍難以真正開口說英語，甚至無法採取有效行動。

認知能力與非認知能力兩者是相乘而非相加，能讓孩子的整體能力倍增成長。

「非認知能力」沒辦法交給學校培養

「那麼，該怎麼同時培養這兩種能力呢？」或許你會這麼想。我完全理解這樣的疑問，畢竟我們這一代在成長過程中，壓根沒聽過「非認知能力」這個詞彙。

別擔心——這本書，就是為了解決這個問題而誕生的！

有一點，我特別想告訴各位父母，那就是：**「非認知能力，正是應該在家庭中培養的能力。」**

眾所周知，日本、韓國、台灣等許多國家，都非常重視學校的學科教育，孩子在學力培養上已有扎實基礎。認知能力的教育表現優秀，獲得國際上的肯定。

若能再加強「非認知能力」的培養，將成為孩子最強大的助力。

唯有具備這兩種能力的孩子，才能真正思考「我為什麼而活？我要如何經營自己的人生？」進而主動開創屬於自己的路途。

近年來，雖然台灣和日本等地的教育現場逐漸開始重視非認知能力的培養，但受到疫情等因素影響，教育改革仍以提升認知能力為主，非認知能力的推動始終有限。

因此，在家庭中培養非認知能力變得格外重要。

培養非認知能力的關鍵，不是用「你必須服從我」的命令式教導，而是採取更平等的「陪伴與示範」，透過互動和身教勝於言教的方式，讓孩子在實踐中學習和成長。

非認知能力多半是透過反覆練習而養成。這些能力正是在家庭日常生活中培養起來的，例如幫忙做家事、日常的學習環境、參與各種課外活動……也就是利用「日常生活」來促進非認知能力的發展。

認知能力可以交給學校或補習班來培養，但非認知能力沒有辦法，必須透過家庭來逐漸建構。希望大家能夠充分理解這一點。

在真正的全球化、多元化，以及工作流程日益AI化的現代社會，能夠駕馭變化、而非被淘汰的關鍵武器，正是非認知能力。

讓我們一起幫助孩子們掌握這項武器，為迎接百年人生的時代做好萬全準備，勇敢踏實活出精彩人生！

讓孩子自己動起來的「四種環境」

「不命令的教養」，是指一種能夠啟發孩子的自主性、自我肯定感、堅持到底的毅力，以及自我控制的能力等「非認知能力」的教養方式。

因此，**身為父母的我們所能做、也必須要做的，就是「創造合適的環境」**。

孩子會隨著環境而適應並逐步成長。根據資料顯示，**孩子的能力有51%取決於環境**。

只要環境建立得當，就等於成功了一半。

在本書中，我要探討的是我平時一直強調的四個基本環境原則。

- 不命令孩子的環境
- 不過度安排、保留空白時間與自由探索的環境
- 父母不過度介入的環境
- 無需壓抑，也能培養自制力的環境

剛才提到的這些原則，正好與「傳統的教養方式」背道而馳。

接下來要介紹的具體方法，是**以在培養非認知能力方面領先全球的美國，已被實證有效的「社會情緒學習（SEL）」（Social Emotional Learning）為基礎**，結合我自身的實務經驗與親子溝通技巧，並融合美日兩國在教育文化上的特色與過往實例，發展出一套能確實產出成果的教養方式。

這套方法是為了讓各種文化背景下的父母都能靈活運用而設計，無論身處何地，任何人都能隨時隨地、輕鬆愉快地實踐。

為了和孩子一起累積那些無可取代的幸福時光——來吧，一起跟著重子教練出發！

CONTENTS

目次

不命令，讓孩子自己動起來！

Introduction

CHAPTER 1

成為不命令孩子的父母

——「不命令」的環境，能夠培育出強大的「自我肯定感」

CHAPTER 2

成為不按表操課的父母

——保留適度的「空白」，讓孩子有「自己做」的空間

CHAPTER 3

成為不過度干涉的父母

——創造自由空間，讓孩子相信「我能自己做到」

CHAPTER

4

成為不壓抑孩子的父母

—藉由「訂立規則」，協助孩子養成「自我管理」的習慣

企劃協助 Appleseed Agency
插畫 山崎稔
裝幀 萩原弦一郎（256）
DTP 天龍社
排版 山守麻衣
編輯協助 乙部美帆
編輯 橋口英惠（Sunmark 出版）

為了實踐「不命令的教養」，

我將帶大家打造四種環境。

・「不命令孩子」的環境

・「不按表操課」的環境

・「不過度干涉」的環境

・「不壓抑，並培養自制力」的環境

而第一章就是要介紹如何以具體的互動模式，有效培養出讓孩子感到幸福與成功的「自我肯定感」。

該如何面對孩子、與孩子進行溝通，也就是「培養孩子非認知能力的親子互動」。

之後的章節也都建立於此項基礎上，自我肯定感即是發展所有能力的根基。

讓我們就從這裡開始吧！

CHAPTER

1

成為不命令孩子的父母

「不命令」的環境，
能夠培育出強大的「自我肯定感」

本章中，父母該展現給孩子看的榜樣

- 父母是孩子培養「自我肯定感」的最佳範本
- 父母要先主動說「謝謝」、「對不起」

在這章要改變的觀念？

「照做就對了！」的上對下（獨裁式）溝通

↓

「一起試試看吧！」的對等（民主式）溝通

在這章要學習的行為？

培養孩子自我肯定感的日常互動模式

- 以肯定取代否定的溝通方式
- 當個「傾聽八成、說話兩成」的父母
- 比起結果，請先稱讚過程
- 隨時將「對不起」、「謝謝」掛在嘴邊

透過「不命令」提升自我肯定感

恭喜妳生了~
這是送妳的禮物♡
請進~
好開心唷!謝謝妳!
雖然現在討論這個還有點早，
但我很想請教育兒前輩一些問題…
什麼事?
好可愛♡
等這孩子有自我意識後，該怎麼教他會比較好呢?
咦!妳會不會太早思考這件事啦?
不是才剛出生嗎?!
因為我爸媽從小就對我非常嚴格，
一下叫我學才藝，一下又叫我去讀○○學校…
我不希望我的孩子也變成這樣!
原來是這樣啊
這個嘛…

哈哈
我都沒有想這麼多耶！
吃驚
咦？
小孩子隨便養隨便大啦～
我家孩子已經五歲了，我都讓他自己決定想做的事！
原來如此啊…
嗯…
事情可沒有那麼簡單喔！
?!
刷～
根據父母教養的類型不同，孩子的成長方式會跟著改變唷！

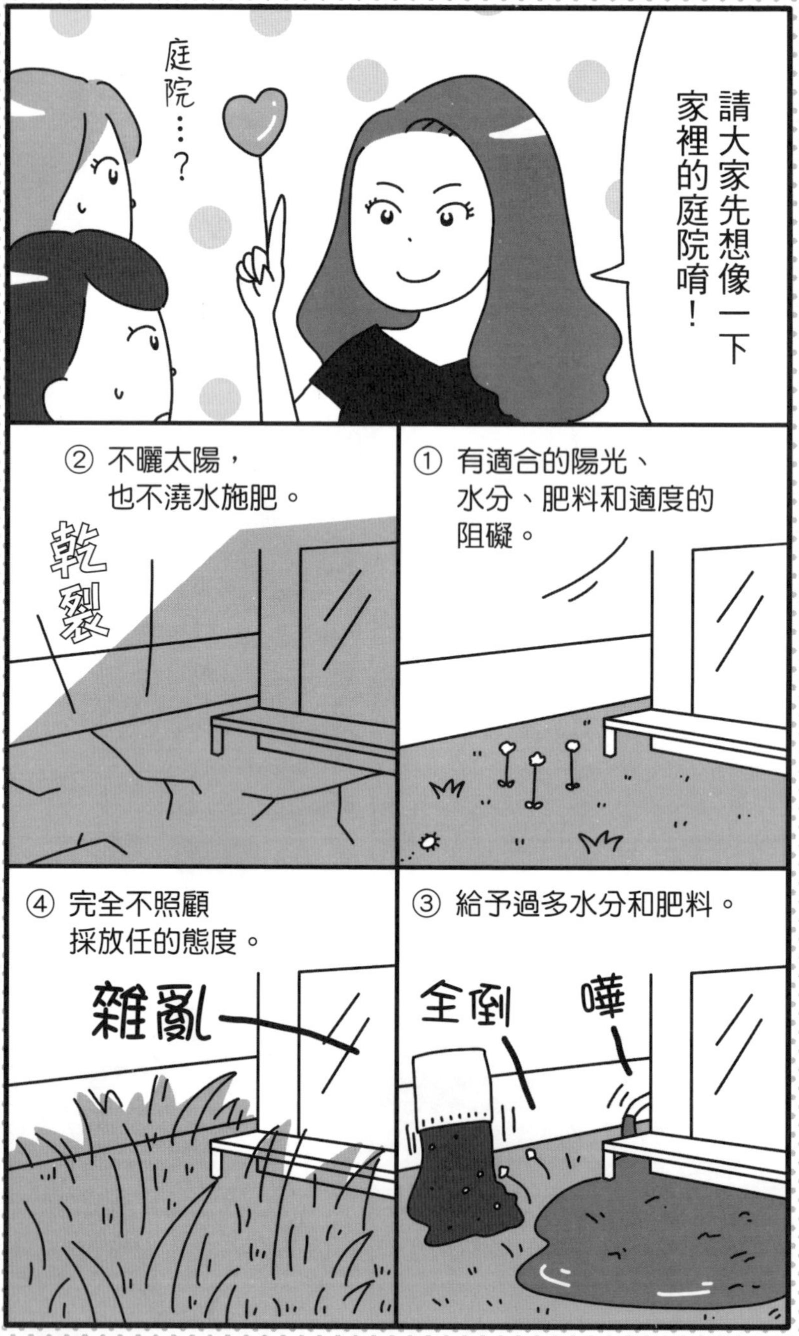
請大家先想像一下家裡的庭院唷！
庭院…？
① 有適合的陽光、水分、肥料和適度的阻礙。
② 不曬太陽，也不澆水施肥。
乾裂
③ 給予過多水分和肥料。
全倒
嘩
④ 完全不照顧採放任的態度。
雜亂

請問以哪種方式照顧的庭院花草會長得比較茁壯呢？
沒什麼阻礙的會長得比較好吧？
？
想要花草茁壯，應該是「放任」生長吧？
正確答案是①的庭院。
唔…
是喔～
乾涸的土地沒辦法讓植物好好生長，但給予過多水分或照顧同樣無法讓植物茁壯。
更別提放任不管了！
重要的是「嚴厲」與「寬容」要平衡。
兩者兼顧的就稱為「民主型」父母。
？
民主型？

民主型父母教養下長大的孩子，
有相關數據報告喔～
他們的幸福感和滿足感都會比較高唷！
因為他們具有較高的自主性，自制力和自信心也相對較強，能力和學科自然也都相當出色唷！
也比較不容易得到憂鬱症或焦慮症等心理疾病。
那不是很棒嗎？
我們也想要～
民主式教養真是太棒了！

可是，寬容和嚴厲之間的平衡又該如何拿捏比較好呢？
剛剛有提到的
不曉得耶…
所謂「嚴厲」，就是能控制自己的情緒和行為，成為對社會有用的人。更重要的是，勇敢為自己的行為負責，並承擔後果。
滔滔不絕
滔滔不絕
滔滔不絕
所謂「寬容」，就是能夠接納真實的自己。即使犯錯或不完美，也能先包容、同理自己。
天哪！突然變得好難～
放心吧！
先從這一章開始用日常的「親子溝通」學會保持平衡的小祕訣吧。

四大類家長，你是屬於哪一種？

加州大學柏克萊分校研究親子教養的先驅、發展心理學家——黛安娜・鮑姆林德（Diana Baumrind）博士有一項著名的研究，稱為「鮑姆林德的教養類型（Baumrind’s Parental Typology）」。

鮑姆林德博士所提倡的「養育出成功孩子的家長類型」，並提出主要的三種類型，之後又由其他研究者另外補充了一種類型，即成為「四種類型的家長」。你覺得自己是屬於其中哪一類型呢？

【民主型[1]】Authoritative parenting（威望與寬容並行，又稱「權威型教養」）

【獨裁型】Authoritarian parenting（由父母主導的嚴厲管教）

【寬容型】Permissive parenting（單純溺愛，放任孩子決定）

【忽略型】Neglectful parenting（忽視、縱容）

「最佳家長」的類型，當然是民主型父母，這點已受研究證實。

以庭院為例，應該會比較容易想像。

過於嚴苛的環境，會讓花草無法生長；然而，光靠寬容也無法使其順利生長。更別提放任不管了。因此最重要的是，取得嚴厲與寬容之間的平衡。

但是……

不知道該怎麼做，才能取得「嚴厲與寬容」間的平衡點；

對自己向來很寬容，因此，不知道該怎麼嚴厲管教孩子；

又或者總是以最高標準要求自己，所以，教導孩子也理所當然要更嚴厲一些。

說起來容易，做起來卻相當困難。如何在嚴厲與寬容間取得平衡，正是我在教養道路上感到困擾的地方，也是許多媽媽時常向我諮詢的課題。

不如我們先把嚴厲和寬容分開來看吧。

「在什麼情況下」／「用什麼話語（態度）」

讓我們一項一項，從具體的方向來思考。

---

1 Authoritative parenting 翻譯為「權威型教養」，但此處由於作者希望強調尊重孩子、鼓勵對話與自主性的特質，改稱為「民主型教養」。

找到「嚴厲」與「寬容」間的平衡

「嚴厲」即是能自我控制情緒與行為，並負起身為社會一份子的責任，經過思考後再採取行動。「寬容」則是指，接納原本的自己，犯錯時以同理取代責備。

親子互動中展現「嚴厲」的方式，簡單來說，就是面對自我要求時，展現出對原則的堅持。以下舉出具體的例子：

- 對孩子的期待，不是追求完美，而是盡力發揮到能力範圍內的最佳程度。
- 引導孩子盡其所能做到最好，培養他的自主性，以及積極行動的能力。
- 解釋規則的必要性，並與孩子一同實踐。
- 當違背規則時，要進行適當的約束。

另一方面，親子互動時所展現的「寬容」，是指對孩子的「認同」與「陪伴」。

以下為例：

- 鼓勵孩子勇於表達情緒。
- 孩子違反規定時，以說明代替責罵，讓孩子真正理解規則背後的意義。
- 允許並理解孩子偶有「例外」。

- 貼近孩子的情緒，並給予支持。
- 即使孩子的意見與自己不同，也要認真傾聽。

之前介紹過，能促進孩子成長的「民主型家長」，必須透過「親子溝通」打造出嚴厲與寬容並行的環境。

- 讓孩子能夠以自己的方式，表達出自身的想法、意見和感受。即使表達尚不成熟，他也清楚知道，這樣做是被允許的，並且會得到應有的尊重。
- 別讓孩子習慣對父母察言觀色，迎合說出「正確答案」。孩子該思考的不是怎麼講話才討喜，或說什麼才不會被責備。讓孩子知道，他可以「放心說出真心話」。
- 讓孩子感受到，無論如何，他的存在都是值得被肯定的。
- 不強迫孩子接受父母的正確答案。
- 讓孩子知道可以接納真正的自己。
- 讓孩子感受到自己是被理解的。

這樣的情緒會在孩子心中發芽生長。

處在安心與安全的環境中，孩子會自然地培養出對自我的肯定感。

「稱讚」造成的反效果

所謂自我肯定感，就是能夠「無條件肯定自己的價值」。

不是因為「我做到了什麼」或是「被誰稱讚了」，而是單純肯定自己存在的價值。即使經歷失敗、遭遇傷心難過的事情，也依然相信：「我是值得被珍惜的重要存在。」這便是自我肯定的力量。

人生總是好壞參半，有時歡喜，有時低落。也正因為如此，我們更需要一種力量——不論遇到什麼，都能無條件肯定自己的存在。

我們經常會不自覺地用帶著條件的方式稱讚孩子，這可能讓他們誤以為：「只有表現得好，才值得被愛。」

像是「你這次成績考得很好」、「全國排名很前面喔」、「鋼琴老師稱讚你彈得很棒呢」、「你比其他孩子更優秀」、「補習班成績進步囉」……這些話語雖然帶著肯定和鼓勵，卻都是著重在孩子的外在表現，而非個人的特質。

長期以這樣的方式稱讚孩子，反而造成他們的焦慮與不安。

如果孩子總能符合父母的期待倒還好，但假如這些條件越來越難達成，可能就會讓

他們擔心自己因此失去父母的愛或關心。這種失落感，是孩子的本能反應。

讚美不該附帶條件，即使有不完美、不成熟的地方，仍然要讓孩子相信：「自己是有價值的。」孩子能夠有這樣的認知，才是最重要的。

無論什麼時候，都能堅信自己深具價值、值得被珍惜，這才是「自我肯定感」真正的意義。

稱讚孩子原本的、完整的模樣，有助於增進他們的自我肯定感。**不過，這是最理想的狀態。我個人認為，可以先從帶有適度條件的稱讚開始。**這樣的門檻比較低。發現孩子做得好的地方，請盡量給予鼓勵和稱讚吧！

要父母立刻完全接納「孩子的不完美」，其實並不容易。事實上，我也是從「帶著條件的愛」開始學習肯定自己，才在這個過程中，一點一滴培養出真正的自我肯定感。

所以我想對各位爸媽說——不要只稱讚孩子，別忘了也要好好讚美自己。像是「能做到這件事的自己很棒」或「發生好事時，心情自然也會變好呢」——即使帶著條件也沒關係，請先真誠地肯定自己。

如果想培養孩子的自我肯定感，父母自己也必須充分了解「自我肯定」的真諦。

一開始，即使是帶有條件的肯定也無妨，它會逐漸朝向「無條件」的方向發展。所

以，就算你現在覺得「孩子好像只有在被稱讚的時候，才會感受到自我肯定感的提升」，請放心，這是正常的。

不過，有一點需要特別注意，那就是「該怎麼稱讚」，稱讚的方式非常關鍵。這部分會在本章稍後詳細說明。

每天嘗試，每天從做中學習

一開始，文章提到「民主型父母」是最理想的家長類型，但其實一開始就能做到的父母只佔少數。大部分的父母，都是從孩子出生後，懷著希望孩子幸福的期盼，經過不斷嘗試與摸索後，才慢慢學會成為「民主型父母」的技巧。

即使認為自己現在比較偏向「獨裁型」也沒關係，從現在開始改變並不晚。

如果想成為民主型父母，不妨從每天一點一滴的實踐開始。當你察覺自己出現獨裁式的傾向時，也可以嘗試慢慢轉化為更具引導性的民主式做法。

這是一種隨時隨地都能做到的改變，而且不需要花費一毛錢。

每天改變一點點，持續三週後，就會開始看到明顯的轉變。人們常說，二十一天就

能改變一個人的想法。所以，只要能夠堅持三週，這件事對你而言就不再困難，而是逐漸轉化為習慣。如果能持續三個月，這份改變將成為穩定而長久的生活方式。

為了讓孩子能夠展現自我，開創幸福的人生，身為父母的我們，應該展現出什麼樣的榜樣呢？請每天帶著這樣的思考，認真面對自己與孩子。**你期望孩子擁有哪些理想特質，就先從自己開始實踐。**當別人稱讚你時，學會表達感謝，並主動發現對方的優點。這就是改變的起點。

媽媽，今天晚餐吃什麼？
你回來啦～
吃什麼好呢……咖哩飯好了。
咦？昨天才吃過耶。
不要啦—
無力
在說什麼，昨天明明是吃煎餃吧？
我昨天吃過了！
NoNo
才不是呢
不對，昨天吃煎餃，前天吃魚。
你只是不想吃咖哩吧。
媽媽都知道～
我真的吃過了，算了啦！
我回來了～
你們在吵什麼呀？

他說昨天吃咖哩。
其實他只是不想吃吧～
咦？昨天…？
昨天營養午餐是咖哩吧！
很好吃呢～
點頭。。。
咦…
原來是真的…？！
很常會發生這種事吧？
冒出
不要抱持先入為主的觀念，先聽孩子把話說完。
搞砸了…

一開始就直接說「你錯了」，
對不起
不跟妳好了啦！
孩子的自我肯定感會因此下降，還會把心關起來喔。
早知道順著他的話說就好了…
反省…
等一下！
可是媽媽妳沒有吃咖哩啊
不能什麼事都一味肯定喔。
「不否定」不代表就要同意所有事，或是配合所有事喔。
？
那我到底該怎麼做…

以剛才的咖哩話題來舉例好了！
好像很好吃♡
昨天吃過咖哩了。
原來如此！
可是媽媽記得昨天晚上我們是吃煎餃耶~
昨天晚上吃煎餃，但中午是吃咖哩啊！
學校的營養午餐喔
這樣不就好了？
呵呵
原來如此！只要適時提問就可以了。
沒錯！即使一開始孩子說錯了，當下也要先肯定再聽他說理由。
△△呢？
不錯耶！
聽我說聽我說！
試圖用溝通的方式引導孩子說出真正的想法。
原來如此！
那○○怎麼樣呢？
那個⋯
嗯！

對不起，媽媽剛才說你沒有吃咖哩！
抱——
媽媽還以為你是在說晚餐的事⋯
即使孩子明顯錯了，也先別急著否定，好好聽他把話說完。
昨天吃過咖哩了！
什麼時候吃的？早上？中午？晚上？
然後再藉由提問讓孩子思考。
提問的關鍵是提出單純的疑問，「為什麼孩子會這麼說？」
不急著斷定孩子搞錯或撒謊
為什麼呢？

父母不一定
都是對的。
父母也會有
搞錯的時候。
因為父母
也是人
所以當親子之間
意見或說法不同時，
只需要適時提問
並讓孩子說明就可以囉。
?
!
!
認真聆聽孩子說話，
會讓孩子認為
「自己受到重視」。
喔，原來
是中午吃
咖哩啊。
我沒聽到是
中午，還以
為是晚上呢。
對呀！
好好把孩子的話聽到最後，
也先別急著否定，
對有疑問的部分
單純提出疑問就好。
親子一同透過對話
來提升自我肯定感
吧♡

「否定」會傷害孩子的安全感

與孩子溝通時最重要的一點就是，不要急著「否定」。

即使孩子說的話與「標準答案」或「常識」不同，也先別急於斷定那是錯誤的。**否定會破壞孩子內心的安全感，也會削弱他對自己的信心。**這對大人來說也是一樣的：一旦被否定，就會不想繼續說話，或變得難以坦率表達內心的想法。心門一旦關閉，就很難再接收新事物。

因此，父母應該努力做到「耐心傾聽孩子把話說完」。

在這裡，也希望傳達「肯定」與「否定」的正確意義。**不否定，並不代表要同意一切、配合一切。**

所謂「肯定」，是指先暫時接受孩子的說法，例如說：「原來如此，這樣想也很有道理呢。」即使孩子說錯了，也不必急著指出「錯了」、「不對」，可以先說：「原來是這樣啊。你為什麼會這麼想呢？」先聽聽孩子的理由，再溫和引導他進一步思考，例如：「你還有其他的想法嗎？」

當你忍不住想說「你錯了！」的時候，可以試著改成這樣回應：

「原來如此，你有這樣的看法啊。」

「那也是有可能喔。可以再跟我多說一點嗎？」

「真有意思，你為什麼會這樣認為呢？」

「媽媽（爸爸）的想法是這樣，你對這件事有什麼看法呢？」

「那也是一種想法呢，不過媽媽（爸爸）的看法有點不同。」

不急著否定或糾正，也不急著同意或附和，而是**「先給予肯定」的回應方式**，能夠幫助孩子建立自信，有效提升他的自我肯定感。

用好奇的眼光，看待孩子的邏輯

我們常會把大人的邏輯套用在孩子身上，當孩子的想法偏離常軌時，就容易否定或糾正他們。這樣的否定和糾正，會對孩子的自我肯定感產生一定程度的傷害。

當孩子突然說出讓人摸不著頭緒的話時，父母很容易否定孩子，說「你在說什麼莫名其妙的話」，不如嘗試從「孩子的邏輯」中體會其中的趣味。這樣一來，也許能幫助孩子找到自己答案的關鍵。

我想提一下我跟我女兒用日語對話時的趣事。我女兒想來拜託我是否能延長玩遊戲的時間，她想用日語跟我溝通卻突然卡住了，她便鼓起她那紅潤的小臉蛋開始碎碎念。

我強忍著想幫忙的心情，默默地看著她，就在這時，她突然脫口說出：「一顆minute！」然後笑嘻嘻地看著我。

「一顆＝一個」，「minute＝分鐘」。

她其實是想說「一分鐘」，但不知道日語中的「分鐘」該怎麼說，只好把她所知道的詞彙拼湊起來，用「一顆」加上英語的「minute」來表達。

當時我突然覺得很感動，原來孩子真的有他們的一套邏輯，讓我印象非常深刻。

孩子的表達方式或許和大人不同，但他們會竭盡所能，動用所有知道的知識，只為了傳達自己的想法。孩子真的很了不起啊，我真的好佩服他們。

我當然沒有糾正她：「要說一分鐘」。而是順著她的話，不經意地告訴她：「哇，妳會說『一顆minute』，真厲害呢！minute的確是一個，就是一分鐘！」

我回來了！
媽媽妳聽我說！
我回來了——!!
小跑步
小跑步
小跑步
妳回來啦～
學校好玩嗎？
嗯嗯，跟妳說喔，
今天第一堂
是上國語課唷～
咦…國語？
第一堂不是
算數課嗎？
啊，
好像是耶！
然後，上課前，
喊口號的時候
我忘記站起來了！
這樣不行唷。
妳都在玩嗎？
沒有啦！
我只是在發呆。

上課鐘聲響了，就要收心囉！
知道了。
然後…上課要舉手回答的時候…
那妳有舉手嗎？
…沒有欸，我太害羞了不敢舉手。
什麼意思？
咦──舉手有什麼好害羞的？
大家都在努力學習，妳也要加油唷～
知道了…
飄出
哎呀呀，小妹妹，結果妳想跟媽媽分享的是什麼事呢？
失落…

重子教練!!
從哪出來的呀…?!
我從天而降啊♡
眼睛一亮
聽我說喔！雖然我沒有舉手，但老師點到我的時候，我都有答出來喔！
真的嗎?!
好棒喔♡
那真的是很厲害呢！
我原本…是想好好聽女兒說話的…
結果都變成我在講…
但總是會忍不住插嘴，對吧？
父母這時候只要靜靜聽孩子說話就好。
八成聽兩成說
這會考喔～
不打岔、不否定，溫柔地聽孩子把話說完。

因為人會透過說話來確認自己的心情
說話
情緒
媽媽應該也有這種經驗吧？
我…？
我記得…當我把育兒煩惱說出來的時候，也順便整理了自己的情緒。
我女兒～
我懂！
所以比起開口提問，還是要多聽孩子說話喔。
可是…萬一孩子說錯了，或是有不恰當的行為，也要裝作沒聽見嗎？
要當作沒聽到好像有點難…
先不要急著否定唷
這時候啊，可以試著說「這樣做好嗎？」「下次可以怎麼做？」之類的建議唷！

妳今天下課的時候做了些什麼事呢？
重新來過！
呃…
……
咦！妳難道忘記自己做過什麼了嗎？怎麼會呢？
請安靜等待！
STOP！
呃…為什麼呢？
哇
父母一直插話，孩子反而會越來越不敢開口。
我…吵架了…
小聲…
喋喋不休
咦？下課的時候嗎？跟誰？只有你們兩個嗎？為什麼會吵架呢？發生什麼事啦？這樣不行喔～
喋喋不休
停～等一下啦！

還有一件很重要的事唷！記住，不可以太情緒化！
先冷靜點！
這樣沒辦法了解事情，父母要先冷靜下來。
我們要安靜等待，聽聽看孩子究竟想表達什麼。
……就是啊，朋友被老師念了一頓，然後我笑了他……
小聲
小聲
原來是這樣啊……
父母該做的是控制自己的情緒，打造出讓孩子能夠暢所欲言的環境。
這樣一來，孩子的自我肯定感就會漸漸提升喔。

有錯沒關係，不用糾正也沒關係

本章主要說明，若想成為能夠培養孩子自我肯定感的民主型家長，便需要將親子之間的互動模式，從「傳統」轉變為「民主式」。

【傳統的親子互動】（**削弱孩子的自我肯定感**）

- 管教
- 指出錯誤
- 糾正錯誤
- 不允許失敗
- 過度追求完美
- 父母的意見就是標準答案
- 下達命令要孩子照做

【民主式的親子互動】（提升孩子自我肯定感）

- 傾聽孩子的意見
- 尊重意見的多樣性
- 以引導取代否定、糾正與訂正
- 讚美孩子做得好的地方
- 將失敗轉化為解決問題的機會
- 重視孩子是否盡力，而不是結果
- 八成傾聽，兩成表達
- 結合語言與行為的引導與回應

與孩子對話時，請掌握好「嚴厲」與「寬容」間的平衡，確實落實以下幾個重點。

所謂的「嚴厲」，指的是對孩子懷抱其力所能及的最高期待；而「寬容」，則是即使孩子無法清楚表達，甚至說錯了，也不急著否定或批評，而是以溫暖的態度陪伴守護。有時候，以「這麼做怎麼樣？」的方式提出建議，適時伸出援手，本身就是一種寬容的表現。

斥責孩子「做不到的事」，是獨裁式教養中常見的嚴厲方式；而民主型父母的嚴厲，則體現在教導孩子學習「自我約束」與「自我負責」。

在伸出援手之前，先鼓勵孩子做到自己力所能及的程度，才是民主型父母真正展現出來的嚴厲。

最理想的親子對話比例

父母最重要的任務，就是傾聽孩子說話。

因為人會透過說話來釐清自己的情緒，並接納真實的自我。因此，父母必須營造一個讓孩子能安心表達、暢所欲言的環境。

談到與孩子的對話，許多人雖然認為應該「多讓孩子說話」，但實際上，卻往往演變成「父母說個不停，孩子反而變成聽眾」。與其自己多說，不如放下自己的想法，用心聆聽孩子真正想說的話，這才是親子溝通中更重要的事。

所以，最理想的親子對話比例是，**孩子說話占八成，父母占兩成**。當你覺得自己「好像說太多了」，大多時候確實就是這樣。

父母應該有意識地營造出一個能讓孩子表達情緒、自由說話的空間。也就是說，請試著安靜下來聆聽，不否定、不打岔，耐心地聽孩子把話說完。

說話是需要「等待」的

與孩子對話時，「等待孩子把話說完」非常重要。有時候孩子不會馬上回應，中間會有一段沉默。這時，更需要父母耐心靜待，給孩子足夠的時間表達自己。

因為常常在那段沉默之後，孩子才會突然說出放在心裡的真心話。如果父母等不及開始說話，就會錯過原本能夠聽見的心聲。正如前面所提，因為沒有得到即時的回應，父母很容易忍不住給出建議，甚至急著把自己的想法套進孩子的問題中，但這樣往往會適得其反。無論如何，「等待」才是最重要的關鍵。

如果沉默持續太久，也可以試著提出一些較容易讓孩子開口的問題，例如：「那後來發生什麼事呢？」「可以再多說一點嗎？」但最重要的，還是從「等待」開始。「快點說啊」這種催促式的語氣，有時反而會讓孩子失去表達的意願。

傾聽，是培養孩子自我肯定感的關鍵（八成）

- 當對方在表達情緒時，請先接納那份情緒。
- 當孩子情緒激動時，請記得先穩住自己的情緒。
- 為了真正聽見孩子的心聲，要全心專注在他所說的話上面。
- 不要只挑自己想聽的部分，用心聆聽全部內容。
- 傾聽時要專心，不要一邊分心處理其他事。
- 要懂得等待。傾聽是父母的責任，也需要耐心面對孩子偶爾的沉默。

培養自我肯定感的說話技巧（主要在表達共感與提問）

- 點頭或適時以「嗯、是啊」等語氣詞，真誠回應對方情緒的共感。
- 透過簡短的語句或回應，讓對方感受到自己正在被傾聽。
- 縮短自己要說的話，多讓孩子有說話的空間。
- 避免直接下結論，改用引導的方式提問，幫助孩子思考。
- 不急著替孩子解決問題，也不要急於直接給出標準答案。
- 避免負面反應，例如打斷、糾正或否定孩子說的話。

傾聽的重點——「不用情緒回應情緒」

聆聽孩子說話時，無論如何，都要徹底執行「聽八成、說兩成」的原則。

總之，最重要的一點是：「傾聽比說話更重要」。**大人應該盡量簡化自己的話語，並善用附和語和提問，引導孩子多表達自己的想法。**

人們往往只會聽進對自己有利的話。因此，在傾聽孩子時，更需要集中注意力，不遺漏任何細節。

即便只有兩成的「說話」分量，也應該用來傳遞「我理解你、我在聽你說」的訊息，並試著引導孩子「說得更多」。即使孩子卡住了、沉默不語，也不需要焦急，更不應該催促或急著下結論。**請用心傾聽，釐清「孩子真正想傳達的話」。**

最需要避免的，是在對話中以情緒回應情緒。

當孩子表達情緒時——無論是因為事情做不好而哭泣，還是因為與朋友有誤會而生氣，負責傾聽的大人都不該跟著參雜自己的情緒。

如果父母的反應超出了「共感」，轉為「同情」或「附和」，反而會失去冷靜的立場。為了避免這樣的情況，及時踩下煞車非常重要。

因此，當孩子願意表達情緒時，請試著全然接納那份感受。用一兩句表達共感的話回應，例如：「原來你是這樣想的啊」、「聽你說完，我更明白你為什麼會這麼難過」、「謝謝你願意把心裡的話告訴我」。透過這樣的回應，能幫助孩子學會接納自己的感受。

人只有在真正覺得「自己被理解了」的時候，才能感到安心；而只有安心，才能讓心打開。

最大的關鍵在於「專心聽」

傾聽的關鍵原則是：「當下回應」、「面對孩子」。

只要孩子開口說話，就盡可能在當下、當場聆聽，因為那一刻，他正有話想說。能不能接住這份「想說的心情」，決定了我們是否能真正了解孩子的想法與經歷。

為了讓孩子感受到「我正在專心聽你說」，請盡可能將身體轉向孩子，直視他的眼睛。當然，父母實際聆聽孩子的話很重要，但更關鍵的是：孩子是否真正感受到自己「被聽見了」。當一個人感受到自己被珍惜時，無論是誰，都更容易肯定自己的存在價值。

若父母一邊滑手機、一邊做家事，即使耳朵有聽見，孩子也不會感受到「父母在聽我說話」。因為父母的注意力其實不在孩子身上，而是分散到其他事物上。

如果這樣的情況一再發生，孩子就會漸漸放棄「被傾聽」的期待，心裡可能會想：「反正你也不會認真聽我說。」久而久之，他們就不再願意主動和父母說話了。

當然，有時我們無法馬上聽孩子說話。這時，可以明確告訴他：「請等我處理完這件事，好嗎？」讓孩子知道大約要等多久。之後，也一定要主動提起：「剛剛你想說的事是什麼？我想聽你說。」

如果孩子對「父母會認真傾聽」這件事還沒有建立信任感，或者已經受損，那就從現在開始，一點一滴重新建立這樣的溝通環境吧。

請放心，孩子會逐漸適應環境並成長。如果父母改變傾聽的態度，孩子的心也會慢慢打開。

孩子天生渴望「父母的傾聽與理解」

我女兒就算出社會工作了，我至今仍然在實踐一件事——那就是，只要她在我身邊，我就會刻意把自己的工作量降到五成以下。

孩子總是渴望父母的關注。在女兒高中畢業之前，我將自己的工作量減少一半，並以百分之一百二十的專注與效率去完成這些工作，把剩下的時間與心力，全都用來傾聽女兒說話、陪伴家人。

隨著女兒上了大學、搬進宿舍，我才把工作量調整回全職狀態。但直到現在，只要她一回家，我仍會將工作減量至五成，刻意保留時間陪伴她。

如果工作實在太多，無法如願空出時間，我也一定會事先和她說一聲。雖然她現在已經二十三歲了，嘴上總是笑著說「沒關係啦」，但臉上還是會浮現一點寂寞的神情。

孩子就是這麼渴望父母的傾聽與陪伴，渴望父母有一段「只屬於自己」的時間。尤其在幼年時期，這份需求更是強烈。孩子跑向你、喊著「媽媽、媽媽」的那段時光，比想像中更加短暫。放下手邊的事，轉身與孩子面對面，看著他的眼睛，靜心傾聽那聲呼喚吧。

不可以稱讚孩子「成績好」嗎？

原來我不能不考100分啊！
上次只是僥倖啦～
我好怕沒考到好成績
妳最近怎麼都沒在念書了？
發生什麼事了？
其實我有實力，
只是不想努力而已！
只要我努力就一定能考出好成績。
放空～
教練！我家的孩子都不念書啦！
救救我！
這簡直就像以前的我！
這樣當然會不想念書囉！

我也有相同經驗，所以很能體會。
只稱讚孩子的考試成績，孩子就會失去幹勁！
蛤～稱讚也不行?!
為什麼！
我還以為這樣可以耶…
重點是要稱讚努力的過程而不是成果唷！
史丹佛大學有做過一項研究，
分成兩組，稱讚不同的重點。
① 稱讚「努力」和「過程」的組別
② 稱讚「能力」和「成果」的組別

我考了90分！
你真聰明！
我考了90分呢！
你好努力喔！
然後到了下次考試選擇問題難易度時，被稱讚「能力」組別的孩子，
難
易
移動
移動
傾向於避免挑戰困難的問題。
重子筆記
為了再考到90分而選擇了「易」
相反的，被稱讚「努力」組別的孩子，
難
易
試試看！
移動
腳步
反而傾向於選擇挑戰更難的問題。
重子筆記
為了持續努力而選擇了「難」

也就是說…
孩子若是因為原本就有的能力和資質而獲得稱讚，便會因為害怕挑戰困難的問題導致失敗，最後失去了挑戰的動力。
光是稱讚居然差這麼多！
我都不知道耶…
100分啊、合格啊，這種結果不是單靠努力就能掌控
就像天氣
有時無論再怎麼努力，也不一定會得到相應回報。
過程則是為了達到結果的行為，
依靠自己就能辦得到。

不要盲目稱讚，也無關成功或失敗，
妳忍住不看本來想看的電視好棒喔！
別忘了誇獎孩子「做了什麼事」和「怎麼去完成」。
對孩子來說，過程被稱讚，也就代表父母有在「關注」我。
這樣啊…原來不能只有單純稱讚，也得好好關注孩子呢！
孩子會透過「自己有被關注」來提升自我肯定感。
只要自己努力的過程獲得稱讚，之後就會更加努力唷！

將目光放在過程，而不是結果

常聽人說「要稱讚孩子的過程，而不是結果」，但為什麼要這麼做？稱讚過程，真的比稱讚結果更重要嗎？

像是拿到「滿分」或「及格」，這些當然值得肯定，不過我們更應該看見的是——孩子背後付出的努力。

關鍵就在於一個概念：「重現性」，也就是能不能再次做出同樣的成果。

「滿分」或「合格」終究只是「當下的結果」罷了。即使孩子非常努力，有時候因為條件尚未成熟，還是可能得不到相對應的回報。

相對而言，「過程」指的是為了達成結果而付出的所有行動。不論最後是否有所回報，那些為目標全力以赴的每一步，都是過程，而這些過程完全掌握在自己手中。只要行動可控，就有機會再度重現相同的努力與成果。

這也呼應了第四章「讓良好行為成為習慣」的主題——稱讚與肯定過程，有助於養成良好的習慣。這些行為是自己能夠再現的，因此效果也更明確可見。

所以，**稱讚時不應該盲目誇獎，或者以成敗論斷，而是要著重稱讚孩子達成結果前**

所付出的努力，換句話說，就是「做了什麼」以及「如何做的」。

我在稱讚女兒時，會盡量具體指出「哪裡做得好」：

「妳現在已經可以自己處理○○了，堅持下去真的很值得。」

「妳的○○比上次更進步了呢！」

「妳忍住沒去看想看的電視節目，努力完成了自己的任務！」

當孩子沒有盡全力，或沒有達到預期成效時，其實他們心裡往往比父母更清楚。若忽略這些事實，只是一味稱讚，孩子心中可能會產生疑問：「爸媽真的了解我嗎？」**稱讚孩子的「過程」，本身也意味著——父母有用心看見孩子的努力，不是嗎？**如果孩子能真切感受到：「爸媽確實有看見我的努力」，他們自然會更願意朝下一步邁進。若能因此產生「我想更進步一點」、「下次要更努力」的想法，那就再好不過了。

有時候孩子的表現尚有可進步的空間，我們家會先肯定他努力的過程，再溫和地加上一點提醒或建議。

雖然有時也很想直接說：「怎麼會沒做好呢？」但我會先克制住自己的情緒，改問：「關於這個部分，你自己怎麼想呢？」我希望能給孩子一個被完整接納的空間，不論是優點還是缺點。

親子溝通的地雷語錄

「我都是為你好。」

「我們家代代相傳都是〇〇，所以你也必須這麼做。」

「只有做〇〇，你才能獲得幸福。」

「連這點都做不到，真丟臉。」

父母對孩子說的這些話，或許是出於關心，但也可能某種程度反映出父母自身的虛榮心與自我期待。然而，這些話語往往與尊重孩子本身的意願背道而馳，更像是要求孩子服從、不傾聽其心聲的「獨裁型家長」所展現的態度。

在此我想分享一些我曾經諮詢過的孩子們心聲——他們幾乎都有著相同的感受。

「其實我很想〇〇，但那樣做媽媽會難過……」

「我想讓媽媽高興……」

「媽媽很用心養育我，所以我想聽媽媽的話。」

當孩子發現自己的想法與父母不同時，他們往往會選擇走上父母期望的道路。他們

會優先考慮「讓父母開心」，而不是「自己的幸福」。

然而，如此一來，孩子就很難真正建立起自我肯定感，因為他們無法以「真實的自己」活著。

想到這裡，在「我是為你好」脫口而出之前，父母是否更應該先停下來問一句：

「孩子，那你自己想怎麼做呢？」

愛之深，責之切。但在我從事親子教練的過程中，我更深刻體會到的是：孩子對父母的愛，往往比父母對孩子更慷慨、也更寬容。

也正因如此，我期許自己以更自律的態度，努力成為一位尊重孩子、重視對話的「民主型」父母。

身為爸媽，你有辦法先說「對不起」嗎？

問一下LINE裡面的媽媽群組吧…
心裡有疙瘩…
我兒子想去考超難考的C校。我也是笑笑就讓他去考個經驗吧！
咻
驚嚇！
什麼意思?!
我覺得很受傷耶！
我並不是為了去考經驗，我是真的很認真想要去挑戰自己。
好過分…
對不起！
真了不起！
拍手
拍手
能夠馬上道歉的媽媽很棒！
拍手
拍手
能夠立刻提出質疑的兒子也非常了不起呢！
拍手
拍手

教練…
不好意思讓您看笑話了…
這沒什麼好笑的。
一點都不會！
能馬上道歉的媽媽真的很偉大。
我們通常不習慣讚美自己的小孩，
討厭啦～
我家孩子哪可能辦得到～
你別這麼說～我家孩子才真的不行！
真是的～
我很理解妳在媽媽群組裡傳這些訊息的心情。
但兒子看到自己的努力不被當一回事，還是會很生氣吧！
你能即時向媽媽反應非常了不起喔！

因為有的孩子會看父母臉色而不敢把話說出口。
能打造出讓孩子自由發言的環境真的很棒喔！
媽媽也對兒子的努力同樣感到驕傲。
而且道歉的重點就是「立刻道歉」與「不找藉口」。
這2大重點
不找藉口呀…
呃…
扭扭捏捏
可是身為父母要立刻道歉感覺有點難為情欸…
這…只是一個例外而已！
父母也不可能是完美無誤的。
呵呵♡
直一接
發現是自己的錯誤時，不敷衍、坦率道歉，是很重要的關鍵。
看到父母這麼做的孩子也會跟著成長喔！

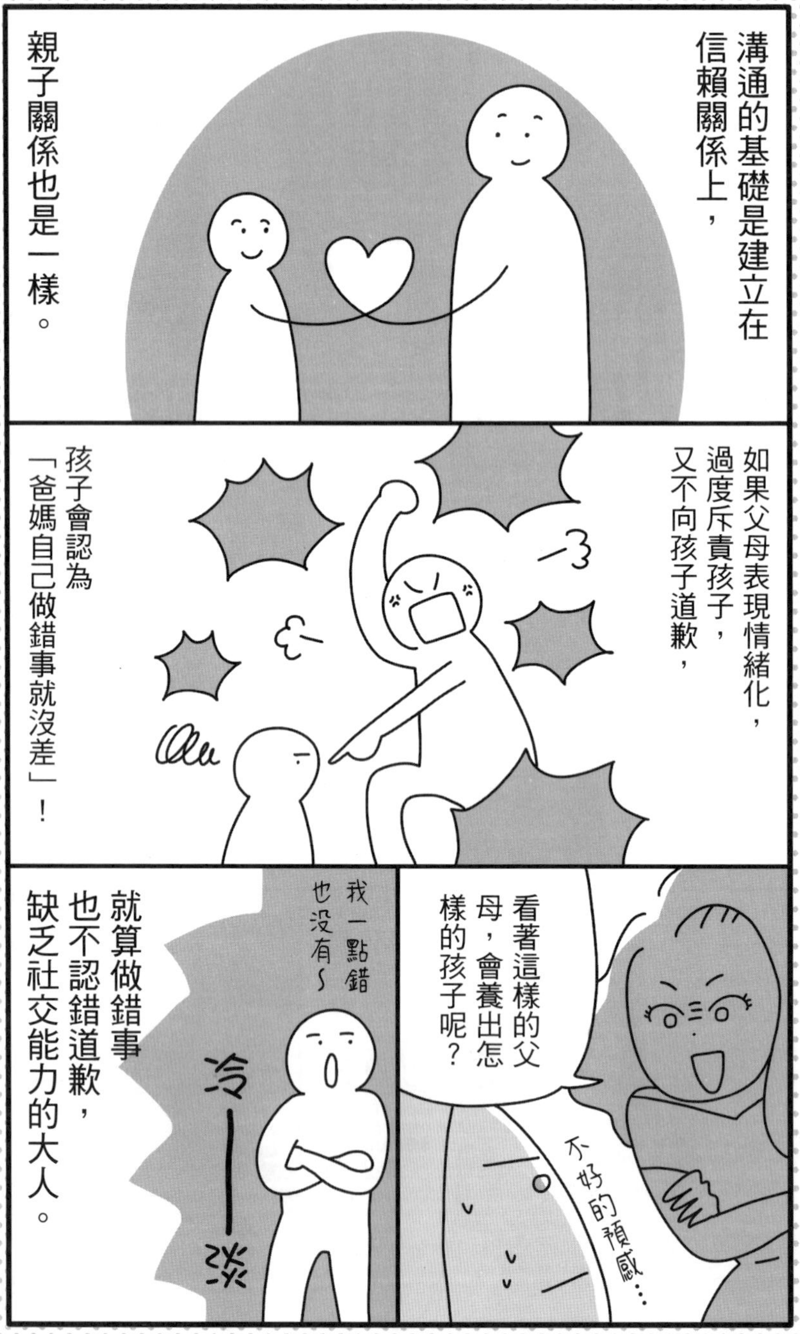
溝通的基礎是建立在信賴關係上，
親子關係也是一樣。
如果父母表現情緒化，過度斥責孩子，又不向孩子道歉，
孩子會認為「爸媽自己做錯事就沒差」！
看著這樣的父母，會養出怎樣的孩子呢？
不好的預感⋯⋯
我一點錯也沒有～
就算做錯事也不認錯道歉，缺乏社交能力的大人。
冷——淡

看來父母能夠道歉比想像中來得重要呢！
我都不曉得耶……
沒錯！
道歉很重要，感謝也同樣重要喔！
在美國被稱讚時，大家都會開心地回應「謝謝！」
我好高興喔！謝謝你的讚美！
大家彼此讚美，會讓世界變得更加美好喔！
但我好像會感到很難為情耶……
這是文化差異嘛～
・能夠暢所欲言的環境
・父母即便做錯事也願意道歉
・被稱讚時大方回應「謝謝」
我支持你去考C校唷！
謝謝媽！
肯定能培養出孩子最棒的自我肯定感♡

當「不道歉的父母」一點好處也沒有

「因為我是父母，當然永遠是對的。怎麼可能犯錯、怎麼會失敗呢？」總是這樣對自己說，並要求自己努力達到完美的父母，其實並不少見。

但無論再優秀的人，也無法永遠保持完美。長期處於這種緊繃、用力過猛的生活狀態，終究有一天會疲憊。

我認為，能夠在面對孩子時，發現自己有錯，不敷衍地坦率道歉是很重要的事。並且，要全心全力地去修復彼此的信任。

立即道歉，然後用行動修復關係。透過這樣不斷的累積，不只能讓孩子逐漸學會一個人應有的態度，也能逐步培養出社會性、同理心等非認知能力。

溝通的本質，不僅是傳遞交流想法，更是建立彼此之間信任關係的重要渠道。親子之間若缺乏穩固的信任，就難以形成一個讓孩子感到安全、安心的環境，孩子也無法自在地在父母面前表達自己。**所以，如果孩子敢對父母表達不滿、提出質疑，其實正代表這個家庭有著足夠安全與信任的環境。這本身就是一件很了不起的事。**

正因如此，即使是父母，當做了「不該做的事」或者「不正確的事」，孩子其實也

能感覺得到。也正因為父母不受任何人約束，所以更不能敷衍逃避。當自己做錯了，就應該誠實面對，負起責任。

如果父母做錯事卻從不向孩子道歉，其實是在傷害孩子作為一個人的尊嚴。這種行為，會在孩子心中劃下長遠而深刻的傷痕，逐漸讓他們產生「我不值得被尊重」的錯誤認知，導致自我肯定感降低。

舉例來說，若父母一時情緒失控，不小心動手打了孩子卻不道歉，孩子可能會因此認為：「原來就算做錯事也不用負責」。

如果父母不願承認錯誤，孩子也會被教養出同樣的價值觀。在長大成人之後，成為一個無法輕易認錯、不懂得道歉，也欠缺社會責任感的大人。

「向孩子道歉時」的兩大重點

當父母意識到自己犯了錯，要向孩子道歉時，應遵守兩項原則：「立刻道歉」與「不找藉口」。一旦察覺「這樣做不妥當」，就應該立刻、當下、毫不遲疑地道歉，像是說：「啊，剛剛對不起！」「媽媽剛才錯了。」「是我不好！」這樣簡單直接就好。

沒有必要為自己辯解。無論有什麼理由，錯就是錯。**大人不應該為自己的錯誤找藉口，更不能覺得「在這種情況下就可以被原諒」。例如動手打人就是不對的行為，只要做了，就必須當下承認並道歉。**

自我肯定感的其中一個定義，就是能夠接納不完美的自己。因此，我們不需要掩飾錯誤，只要誠實面對、立即修正即可。當父母願意正視自己的缺點，勇於承認錯誤，並積極處理，才能成為孩子的榜樣。

被稱讚了，那就開心道謝吧！

來到美國後，讓我感到驚訝的事之一，就是大家在被稱讚時，會坦率地表達喜悅，並直接回應一句「謝謝！」。不僅大人如此，就連孩子在受到誇讚時，也都會開心地接受讚美。

相較之下，在我生長的國家日本（又或者說是亞洲國家），比較重視謙虛的美德。因此在被稱讚時，通常會下意識回應：「哪裡哪裡，沒這回事。」

聽到自己孩子被稱讚時，父母也常會刻意指出孩子的缺點，像是「可是這孩子做不到那件事」、「這方面不行」之類的話。

在講求謙遜的社會中，這樣的回應或許無可厚非。然而，即使父母並非惡意，孩子再三聽到自己被「貶低」還是會當真。久而久之，便可能影響到孩子的自我肯定感。

「咦？原來在媽媽的心中，我是個不夠好的孩子……」這樣的想法肯定很受傷。

當然，隨著年齡逐漸增長，孩子們也會理解那只是父母的客套話。但長期聽到這樣的說法，終究還是會動搖他們對自己的正面評價。如果別人稱讚自己時，爸媽總是急著回答「才沒有，哪有這麼好」，可能會讓孩子覺得自己其實不值得被稱讚。

那麼，被稱讚時，該如何自然地說「謝謝」又不會被認為是厚臉皮呢？

我有一個既得體又能傳達出真誠感謝的好方法：

那就是，在被稱讚的同時，立刻回敬對方一句讚美，不論是讚美對方本人，或是他的孩子。在美國，這幾乎已經成為一種下意識的「互誇比賽」。

如此一來，彼此的心情都會變得更愉快。與其拘謹地說「沒有啦」，這樣不是更有溫度、也更有人情味嗎？

被稱讚時，以感謝的心情表達謝意；做錯事時，比起過度自責，更應坦率承認錯誤並設法解決。這樣的態度，正是培養自我肯定感的重要基礎。

當父母在日常生活中以身作則，孩子也會自然地以此為榜樣，逐漸形成一套內在的行為準則。

CHANGE

獨裁型家長：「快去做！」「這不對！」
（總是先否定孩子）

↓

民主型家長：「要不要試試看？」「原來如此。」
「你認為呢？」（先肯定）

MESSAGE

從獨裁型家長（損害自我肯定感）

↓

民主型家長（培養自我肯定感）

其實，透過家庭的互動，更能真正有效地培養非認知能力，並且不用刻意做出什麼改變，父母只要稍稍調整心態，在教養中加入一點小巧思，就能讓日常生活變成「非認知能力訓練營」。即使覺得目前仍傾向於獨裁式教養，也沒關係。只要從此刻起，一點一滴開始改變對孩子的態度與相處模式，生活中那些不經意的對話與細節，都能逐步提升孩子的自我肯定感。

我們都希望孩子能具有「主動去做事」的積極態度。但父母的期待往往與現實背道而馳，不知不覺中，孩子總是「一個口令一個動作」。

我們可以仔細觀察孩子的行為模式，他是：「被要求後才去做」？還是「即使沒人說，也會去做」？又或者是「因為自己想做，所以主動去做」？這些行為背後的差異，將會引導孩子走向截然不同的未來。

想要讓孩子「自己動起來」，關鍵不在於「讓他做很多事」，而是恰恰相反——提供一個「適度空白、甚至有點浪費時間」的環境。

正是這樣的「留白」，才能真正孕育出孩子的行動力、好奇心，甚至對事物的熱情。

與其急著把行程排滿，不如靜靜陪著孩子，自然地邁步成長。

CHAPTER

2

成為不按表操課的父母

保留適度的「空白」，
讓孩子有「自己做」的空間

本章中，父母該展現給孩子看的榜樣

- 父母自己也要「在每天的生活中保留一點空白」
- 父母展現對各種事物的興趣，才能為孩子樹立好奇心的榜樣

在這章要改變的觀念？

追求更高效率、更多成果，認為正確就是唯一的答案（父母需求）

↓

刻意保留空白的時間、尊重孩子的意願，
自由才是最重要的（孩子需求）

在這章要學習的行為？

為孩子保留適當的空白時間

- 每天刻意保留三十分鐘的「空白時間」
- 同時期不上超過兩種課
- 開始學習前，先制定「放棄條件」
- 透過父母的提問，提升孩子自主決定與思考能力
- 巧妙運用「在學校過得怎麼樣？」的問法，引導孩子說出想法

提供孩子學習的機會

恭喜！恭喜！
小孩很健康唷～
嗚哇／
哇啊／
我可愛的孩子，終於見到你了…
媽媽為了你什麼都願意做！
嗚哇～
我會讓你過著無憂無慮的生活。
寶寶會翻身了！
咦?!
不是才三個月嗎?!
翻
扭扭～
趁現在多做一點吧！
好厲害唷！
媽媽希望你的起跑點比其他孩子更前面～
啊唔～
還不會嗎？
已經一歲了
怎麼還不會站呢？
噠～

快點…
走路練習！
來～快點!!
A-B-C-D-E!
明明大家都已經會了啊？
你已經是小學生了…
字要寫漂亮才行!!
有了！
明天開始，我們每天練習寫字一小時吧！
還要買練習簿呢…
哎呀♡
妳真的好愛孩子喔

重子教練！
為了讓孩子可以贏在起跑點，每天安排行程也是一種愛的表現！
貼近
但是萬一這樣做會造成反效果呢？
咦？怎麼可能？
比別人更早開始學習不好嗎？
為了要讓孩子有各種經驗，我每天都會排滿許多大大小小的行程…
可是這樣子，
只是讓孩子照著妳的話去做而已
刺中
唔啊！

幫孩子決定好一切，反而會讓孩子失去「思考」的機會。
這樣一來，他們很難主動去想「自己要做什麼」！
可是按表操課更有效率吧！
他還只是孩子啊……
為什麼要一味地追求效率呢？
孩子如果越能幹，就越容易受到他人的重視和稱讚，我也希望孩子能當「第一」呀！
怎麼想都有好處
原來如此啊……
但這種想法難道不是為了滿足父母的需求而已嗎？
說中
的確如此……
依照父母需求所教出來的孩子會有以下特徵
①成為只會聽話的「乖孩子」
②不會自己動手做 欠缺自主性
③沒有自己的主見
④特別在意他人與社會的觀感

感覺活得好辛苦！
跟想像的不太一樣呢…
只要思考孩子真心想做什麼就好！
媽媽—
仔細觀察孩子對什麼事感興趣。
你想說什麼呢？
站在孩子的立場思考，就不容易被心中的「正解」牽著走
能夠找到對孩子而言最好的答案。
比起只會聽令行事，這樣的人生好像有趣多了！
想做到這一點，好奇心是最大關鍵喔！
好奇心？
哦？
就是對一件事感到「好好玩」「好想嘗試」「真喜歡」
Passion!
不用下指令就會主動去執行！

如果被需要做的事給填滿了，
塞滿
待辦事項
待辦事項
待辦事項
待辦事項
待辦事項
塞滿
就很難產生「喜歡」和「想嘗試」的心情。
我們必須先擁有「空白」和「餘裕」，才能使好奇心的種子徹底萌芽喔
別忘了為孩子保留「空白」的時間！
這個章節要來討論好奇心和空白的重要性！
技巧 1
每天刻意保留三十分鐘的「空想時間」
技巧 2
同時期不上超過兩種課
技巧 3
開始學習前，先訂定「放棄條件」
技巧 4
透過提問，提升孩子自主「決定」和「思考」的能力

你家孩子的行程滿檔嗎？

身為家長，難免會期待孩子盡可能學會更多事情，而且不要比其他孩子落後。為此，有些人會盡力為孩子排開所有「不必要」的事，以效率為前提，安排好每一天的行程，並強迫孩子接受這個「正解」。這在某種程度上，無疑是父母表達愛的一種方式。

但如果這些出於對孩子的愛，費盡心思、竭盡所能的安排，反而扼殺了孩子培養「非認知能力」的機會，該如何是好？

父母經常希望孩子能多多嘗試新事物、達成各種目標，認為這些都是為了培養基礎的能力，**因而將孩子的日常塞得滿滿的。但這樣做，可能產生反效果，讓孩子變成「Overscheduled Child」，也就是時間被父母塞滿、失去自主空間的孩子。**

如果孩子從年幼時，每天的生活就充斥著各式各樣的課外活動，非常遺憾，這樣的家庭環境對於非認知能力的培養並無助益。

在這樣的環境中，孩子會習慣照著指令去完成每件事，對父母言聽計從，而非自行思考、自主行動。如果連零碎的空檔都被「高效率」的作息填滿，孩子本該擁有的——去思考、去感受的時間，甚至連心理上的餘裕也都會因此消失。

如此一來，自然無法培養出好奇心、自主性等等，讓孩子願意「自主行動」的能力。**每天按表操課的生活會悄悄、逐步地消除孩子彌足珍貴的能力——自主性與好奇心。**

亞洲國家特有的「超級小孩」文化

從年紀還很小的時候，就開始灌輸文字與數字等知識，培養出早早就識字的「超級小孩」。這樣的「早期英才教育」，在美國早已不再是主流。

現在不論是明星學校的老師，還是希望把小孩送入菁英學校的家長，反而都異口同聲強調：「孩子的童年，就該像個孩子」。

根據研究顯示，**許多畢業於頂尖大學的資優生，他們在幼年時期非但沒有被要求不斷學習，反而被允許「全心投入自己感興趣的事」**。

父母為什麼會過度替孩子安排日常生活，想讓孩子達到某一個「目標」？

這背後往往藏著類似這樣的想法：「希望孩子實現我辦不到的心願」、「希望孩子讓我感到自豪」、「希望孩子乖巧懂事」、「希望孩子成為第一名」、「希望孩子進入

名列前茅的學校」。

總歸來說，仍然是將這個社會，或是自己的價值觀，套用在孩子身上，基於滿足「父母需求」而生的心態。

在這樣的基礎下成長，確實會成為聽從父母安排的乖孩子，但也容易因此缺乏自己的想法，以及想要「自己試試看！」的自主性，並且過度在意他人的目光與世俗評價……孩子怎麼養就會怎麼長大，但這真的是你所期望看到的，孩子長大後的模樣嗎？

你知道「孩子真正想做的事」是什麼嗎？

不需要大人催促，就能懷抱熱情、自主行動的孩子——要培養這樣的能力，坦白說，父母的「尊嚴」或「期待」往往會是阻礙。這正是考驗父母心態的時刻：能不能先把自己的需求放到一旁，專注去覺察孩子真正想做的事，發掘他們的強項與熱情所在？

- 這個孩子「真正想做的事」是什麼？
- 這個孩子的「優勢」是什麼？

- 要怎麼做，才最能發揮他的潛能？
- 作為父母的我，能提供什麼樣的支持？

當你以孩子的需求為出發點來思考，就能夠看見「孩子真正想做的事」。如果內心忍不住浮現以「父母需求」為主的想法，請試著在心裡提醒自己：「對這孩子來說，什麼是他感興趣的？什麼才是真正重要的？」

為了讓孩子能夠發現自己真正喜歡的事物，並主動付諸行動，最重要的第一步，就是將心態從「父母需求」轉變為「孩子需求」。

在這個基礎上，接下來我將介紹四個具體方法，能夠幫助孩子培養非認知能力中關鍵的「自主性」，以及建構自主性最重要的「好奇心」。

每天保留30分鐘的「空白時間」

我們家孩子也要開始學習才行！
焦慮…
不要跑
當天晚上
雖然有一點突然
你有想學什麼才藝嗎？
不知道耶！
？
既然都要學，就讓他什麼都學吧！
嗯
這都是為了孩子好
那就把想學的都學起來吧！
站起
這下子就放心了♪
馬上來安排時間跟打電話報名吧～
推開!!!
請等一下!!
打擾了！
妳是誰啊？

重子教練?!
想讓孩子學才藝，不如打造一個1天30分鐘的空白時間吧♪
空白…時間…？
沒頭沒尾的什麼啊？
哈哈哈
聽不懂很正常啦～我當時聽到也是嚇了一跳!!
我住在美國時，女兒直到國小三年級都還沒有教科書，也沒有任何作業！
在這裡根本無法想像對吧？

我感到很不安
便去找老師商量
老師，什麼時候會出作業呢？
焦慮～
什麼時候才要開始念書呢？
年輕董子
呃⋯這位媽媽
老師
念書對小孩子來說，
嚴肅
有這麼重要嗎？
咦⋯
難道不重要⋯嗎？
在我的觀念裡孩子能從小學習文字和算數是件好事，
但在美國，早期英才教育已不流行
？
100分
優
居然這樣，我都不曉得欸！
沒想到⋯還以為美國會更積極呢！

於是，
如果妳真的想給孩子回家作業…
老師就出了個「空白時間」的作業給我！
給孩子每天30分鐘的空白時間吧！
空白…但實際上應該怎麼做呢？
做這種體操嗎？還是…就發呆？
是這樣嗎？
這是瑜伽嗎？
後來，我為我女兒打造了一個專屬的「美術室」。
呵呵呵
美術室？
我在一間房間裡擺滿了各種畫具，讓我女兒在小六之前都能在裡面盡情享受自由的時間！

好像很麻煩欸！
我們家又沒多餘的房間，簡直不可能嘛……
呼
客廳的桌子也行唷
兒童用的帳篷也可以
不用刻意打造很特別的空間，只要決定好一個地方就可以了～
然後媽媽也跟著一起進行空想。
媽媽肚子餓了！
我要來想晚餐要吃什麼？
表現出悠閒的樣子，然後試著告訴孩子妳計畫做什麼事。
父母別只顧追求效率就為孩子做決定，而是要練習讓孩子思考。
「讓孩子過個像樣的童年」，保持這種想法非常重要喔♡
那我要畫馬路跟車子
不錯耶！

帶孩子看見自己的「熱情所在」

這本書的主旨是透過「不命令」的方式，培養出不用催促也能自己動起來的孩子。

當一個人在沒有外力推動的情況下，能憑著自己的自由意志做出選擇，並靠自己的力量完成——這樣的體驗，所帶來的滿足與幸福，是最深刻、也最難以取代的。

在這一章，我們要談的是——孩子的「興趣」與「自主性」。

也就是，**他們對什麼感興趣、想做些什麼。本章將帶你一步步了解，如何引導孩子發掘自己的興趣，並主動去實踐。**

史蒂夫．賈伯斯曾在史丹佛大學的畢業典禮上，發表了一段廣為流傳的演講。他說：「如果你還沒找到自己喜歡的事，就繼續尋找，直到找到為止。」他也強調：「不要活在別人的人生裡，要找到你真正熱愛的事，活出屬於自己的人生。」

其實，很多大人也會說：「我也不清楚自己喜歡什麼。」正因如此，我們當然更希望，孩子能找到自己真正喜歡的事——你也是這麼想的吧？

要讓孩子具備這樣的能力，**關鍵在於培養非認知能力中的兩項核心：「好奇心」與「自主性」**。

「好奇心」是一種「看起來好有趣！」「這是什麼？」「我想試試看！」的感覺。而所謂的「自主性」，指的是「在沒有人要求的情況下，也會自己動手去做」。

這裡有一點很容易混淆。很多人會以為孩子積極配合就是具備「自主性」，實際上，它們的本質並不相同。

積極配合是孩子對於被交付的事情，很樂意去完成。但**「自主性」強調的是孩子「自己想做」而主動投入的事。**乍看相似，但兩者的出發點不同。

所以，「好奇心」與「自主性」，說穿了，就是孩子對某件事產生興趣，進而在沒有任何人催促、要求的情況下，也會主動去做的狀態。

簡單說，就是一種**「熱情」**——這是我非常喜歡的一個詞。

當一個人擁有「熱情」時，像是堅持到底的毅力、復原力、彈性、合作力……各種非認知能力，才能真正被激發出來。

所謂的「熱情」，是每個人要活出自己人生不可或缺的火花。

在「現在要做什麼？」中萌芽的好奇心

那麼，為了培養出這樣的「熱情」，父母可以做些什麼呢？

答案是：為孩子保留「空白」的時間。

與其千方百計從外在刺激孩子的興趣，不如相信孩子內在那顆「好奇心種子」，會在適當的時間自然萌芽、生長。

培養孩子好奇心與自主性的關鍵，在於心理、時間的餘裕，以及身體的能量這三者之間能夠互相配合。從這個角度來看，**與其讓孩子每天忙著上補習班、參加各種才藝課，不如讓他有機會感受到：「嗯，好像有點無聊耶」、「今天要做什麼好呢？」——這樣的日子，反而剛剛好。**

因為唯有當孩子有足夠的餘裕時，他才會開始想起那些「沒人交代的事」，並主動去尋找自己感興趣的事情來做。

沒有作業的小學中，唯一開出的功課

女兒就讀的那所私立小學，直到三年級結束前，都沒有教科書，也沒有作業。坦白說，我當時有點慌張，畢竟連乘法表和評量都沒有啊……我甚至去請求老師：「能不能給孩子一些作業呢？」

於是，老師提出建議——「每天三十分鐘的空白時間」。

「空白？這也算作業？」當時聽到老師這麼說，我忍不住心想：「這樣可行嗎？」帶著半信半疑的心情，我還是照著建議，讓女兒每天固定有三十分鐘的空白時間。

這個習慣一直持續到女兒小學六年級左右。空白時間裡，她有時會畫畫，有時會穿著浴衣等小道具，或播音樂跳舞，還會編故事；也有時候什麼都不做，發呆放空。

從這段經驗中我學到了一件事——如果孩子的行程被塞滿、毫無餘裕和喘息的空間，他當然不可能培育出自主性。因為孩子必須要先擁有心靈的自由和時間上的餘裕，才能進一步去思考「自己想做什麼」、「目標是什麼」、「為了什麼而做這些事」。

創造「空白時間」只是其中一種方法，在那段自由放鬆的時間裡，我女兒經常發呆、想像，也學會與自己對話。

「空白」的三大好處

每天三十分鐘，任由思緒自由奔放、發呆、遊走的「空白時間」，可以為孩子帶來三個好處。

第一個好處是——能讓孩子更自由地發揮想法。

在自己的腦海中，不受常規束縛、盡情思考的時間，會幫助孩子從「應該怎麼做」的限制中鬆綁，自在去思索「我想做什麼」、「我想成為什麼樣的人」這些問題。也因此，他們的想像力和好奇心會不斷提升。

第二個好處是——為孩子創造「從無到有」的起點。

當孩子在空想時，心中產生「這是什麼？」、「為什麼會這樣？」、「如果這樣做會怎樣？」、「感覺很好玩」、「我想試試看」……這些念頭時，他們就會在當下，馬上付諸具體行動。因為不會被其他事打擾，這段時間就成了一段寶貴的時光——可以感受立即行動、自己嘗試的樂趣。不是因為大人說要做，而是「自己想做」而主動開始做。

在這樣的過程中，自然而然會培養出好奇心與自主性。

第三個好處是——讓孩子變得更正向積極。

當孩子在沒有壓力的情況下，任由思緒自由探索時，腦海中自然浮現的，通常是他喜歡的、覺得快樂的事。這樣的時光，會讓心情變得更開朗、更正面。擁有正向的心態，孩子就不會再那麼害怕失敗，更容易邁開步伐行動。即使遇到挫折，也更具有復原的能力和堅持到底的韌性。

「空白時間」是讓孩子培養出好奇心、想像力與自主性的重要時段。每天保留這段「空白」，對我來說是一件多麼值得守護的事。

媽媽與好友的午餐時光
上次的校外教學呀—
外面雨好大喔
熱鬧
很辛苦耶～
熱鬧
時間差不多了，我該走囉
只剩10分鐘吧～
現在走會不會太早了？
要去接小孩嗎？
咦？
因為今天有兩堂課要上，再不去接他就要來不及了！
今天要上安親班和鋼琴課
連上兩堂啊？
咦～～!!
一天兩堂？

他總共學了幾項才藝呀？
今天上兩堂課的話就代表還有其他的才藝？
呃～
每週安親班兩天、鋼琴、作文、珠算、芭蕾、舞蹈、游泳…就這些吧？
八種!?
哇哇=
不是才六歲嗎？
咦？一星期也才七天耶！
一週都不夠用了！
連六日也要去啊～
我每天幾乎都在接送小孩～
不累嗎？
因為我跟孩子想學的東西非常多啊～
不過我覺得還挺值得的
得意
轉頭
哎呀呀呀！

孩子的「自主性」，
有在正常運作嗎？
重子教練！
誰？
自主性？
她是一位生活教練～
哦——！
就是自己主動想做的事呀！
要是父母總是替孩子決定任何事
或是讓孩子學太多才藝，孩子難道不會累嗎？

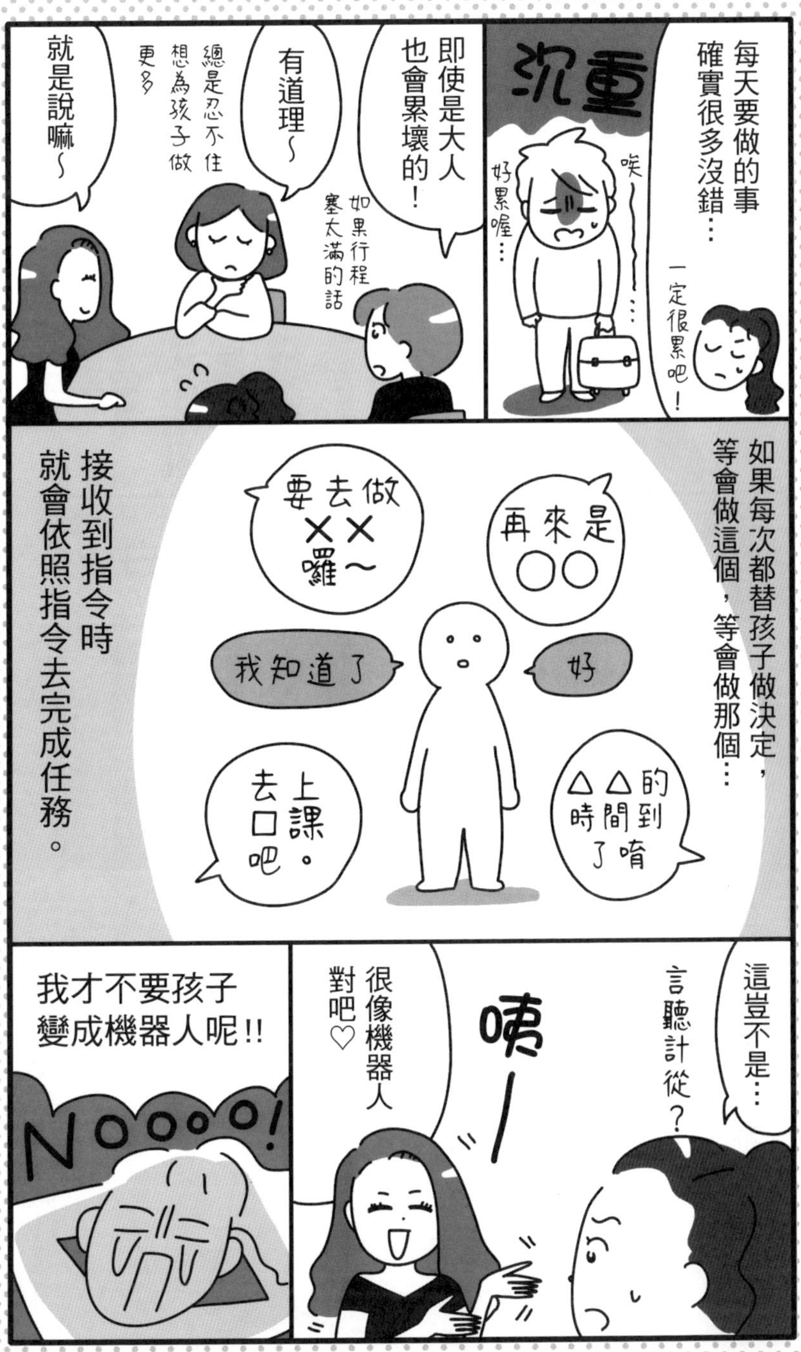
每天要做的事確實很多沒錯…
沉重
唉~……
好累喔…
一定很累吧!
即使是大人也會累壞的!
如果行程塞太滿的話
有道理~
總是忍不住想為孩子做更多
就是說嘛~
如果每次都替孩子做決定，等會做這個，等會做那個…
再來是○○
要去做××囉~
好
我知道了
△△的時間到了唷
上課。去口吧
接收到指令時就會依照指令去完成任務。
這豈不是…
言聽計從?
咦—!
很像機器人對吧♡
我才不要孩子變成機器人呢!!
NOOOO!

重子教練
我該怎麼辦呢…
我不希望我的孩子變成那樣!!
放心吧~
只要給孩子
多一點的
「空白」就好♡
空白…?
沒錯!就是「空白」♡
不是多學一些才藝對孩子的未來才有幫助嗎…?
這樣不會造成反效果嗎…?
心裡能想著今天要做什麼
是很重要的!
待會要做什麼好呢~
才不會有不停
被追著跑的感覺吧?

當心裡空下來，才有餘裕去「思考」。
要做那個
想做這個
好忙喔！
好閒～
放空──…
自己才會主動想去做「指令外的事」！
啊！今天就來試著做點心吧～
忙碌的時候，確實沒有心思去想任何事情呢。
嗯嗯
我也很珍惜孩子們去上學後的休閒時間呢！
對不對呀♡
過度按表操課反而無法培養出重要能力
今天就在家好好休息吧！
咦？可以嗎？
所以同一時期不要上超過兩種課♡

才藝不一定越多越好

前面提過，養成「空想時間」的習慣有許多好處。與其把孩子整天塞滿，不如刻意保留一段空白，讓他能夠自由空想——因為，好奇心與自主性，會在這些餘裕中慢慢萌芽。這種「刻意保留彈性與空白」的時間安排方式，不只限於每天的規劃，放眼一整週的行程也同樣重要。

近年來，無論是課後輔導班還是才藝課，低齡化都越來越明顯。鋼琴、足球、英語、數學……許多媽媽被「讓孩子贏在起跑點」的焦慮感驅使，紛紛報名。有時候也是聽到孩子主動說「我想學！」，就覺得應該讓他去試試。

觀察周遭大概也不難發現，有不少家庭在孩子三歲時，就已經安排了四、五種才藝課。**但事實上，就我目前接觸過的非認知能力發展案例來看——「每週補習控制在兩堂以內，才是比較理想的狀態」**。如果超過這個數量，也許該重新檢視一下整體的安排。

如果孩子的行程一向都被安排得妥妥當當，父母總是在前一步幫他們規劃好「時間該怎麼用」、「接下來該做什麼」，孩子當然沒有機會去思考：下一步，我想做什麼？長期下來，自然難以培養出自主性。

聰明挑選才藝班的方式

說到補習，就不能不提到其中的才藝課。學習才藝的本質，與義務教育不同，不是硬性規定「一定要做的事」，既然如此，又該如何替孩子決定要學的才藝呢？

每個父母對孩子的期待不同，但我認為學才藝的重點，**是激發孩子的好奇心，並作為培養自主性的媒介。**

你曾經用過以下這些方式，幫孩子挑選才藝課嗎？

- 有助於提升學業成績
- 社會觀感佳，能獲得稱讚的才藝
- 根據孩子性別選擇才藝
- 大家都在學的熱門才藝
- 時間、地點等比較方便
- 自己年輕時曾經想學的才藝
- 對未來發展有幫助的才藝

想學什麼才藝，讓孩子自己決定吧！但話雖如此，如果沒有足夠的選項，孩子也無從選擇。因此在這方面父母能給予的重要支持，是為孩子打開視野，與其強迫灌輸「正確的選擇」，不如讓孩子以「試試看」的心態，嘗試更多元的才藝課程，會更有實質幫助。

父母要避免依照自己的習慣或喜好「為孩子決定」，可以有意識地創造機會，讓孩子接觸不同背景的人，為他們開拓更寬廣的世界。

找到喜歡的才藝，也需要足夠的耐心

每個人喜歡的東西都不同，要找到孩子真正喜歡的才藝，更是需要時間與用心去探索。若不刻意去尋找，就很難發現。

因此，即使一時找不到讓孩子心動的才藝，也不要輕易放棄。請相信，總有一天會遇見適合他的那一項。

我們家也是，在女兒選定芭蕾之前，試過十五種以上的才藝課。鋼琴、體操、陶藝、游泳、滑冰、網球、音樂劇、滑雪、足球、籃球……樣樣都嘗試過。

的確，選擇權應該交給孩子，父母能做的支持，是提供多元的機會，並耐心陪孩子

一起探索與等待。

孩子只要遇見「就是它了！」的才藝，從他們的反應就能看出端倪——觀察他是否進入「心流狀態」，或是否露出了真心的笑容。

當一個孩子投入到連周圍聲音都聽不到時，就代表他正處於高度專注的「心流狀態」。這種狀態不僅能帶來深度學習的效果，也會提升孩子對生活的熱情，促進非認知能力的發展。所以，當孩子正在嘗試新的才藝時，不妨留心觀察：他是否進入了心流狀態？如果有，就多創造這樣的機會給他。

此外，「笑容」也是判斷孩子是否喜歡某件事的關鍵線索。請觀察他在哪些時刻會自然流露出開心的表情，那往往就是他的熱情所在。

學才藝課的重要關鍵

無論做什麼事，都必須先嘗試才知道是否適合。有時候我們覺得某項才藝「聽起來很有趣」，但實際體驗後卻發現並不適合，或是出乎意外地樂在其中。這樣的情況，其實很常見。所以，千萬別一開始就給自己或孩子太多壓力，例如：「將來要靠這一行吃飯！」、「一次把所有用具買齊！」從小步伐開始嘗試，才能更靈活地調整方向。

「從小地方開始」是一條不變的鐵則。

建議幫每項才藝課都先設定一個合適的期限，例如「一個月」、「三個月」、「半年」等，並以「至少做到這個時間點」為階段性的短期目標。接著，再以「好像還可以再試試看」的最小單位來反覆進行。透過這樣的累積，從「覺得有趣」變成「喜歡」，再從「喜歡」轉化為「很喜歡」。正是這樣的過程，能夠讓孩子逐漸找到這項才藝對自己的意義。

此外，也建議和孩子一起訂定「放棄的條件」，例如：「不能想放棄就立刻放棄，必須再試兩次」、「至少要完成到某個階段才能放棄」等，並陪著孩子一同落實約定。

才藝課往往要付出很多金錢與時間，但一旦付出得越多，就越難在中途喊停，心裡難免會產生一種「都花這麼多錢了，現在放棄太可惜了」的心態。或許，有人會把「不放棄、堅持到底」視為韌性與優點，但若從培養非認知能力的角度來看，這種堅持不一定有意義。

因為，那些孩子不喜歡、提不起勁、無法從中找到意義，或只是因為「大家都在學」才跟著學的事，很難成為真正啟發他人生的關鍵。**孩子只有在做自己真正「喜歡」的事情，並憑藉自己的意志主動投入時，非認知能力才最有可能獲得有效的提升。**

所以，如果發現某件事不太適合自己，其實沒有必要勉強堅持，可以勇敢轉換方向。**這並不是說「什麼都可以輕易放棄」，更重要的是──和孩子一起建立明確的判斷基準，理解什麼時候該堅持、什麼時候該轉換。**

在我們家，每當孩子要開始一項新的才藝課時，我們會先訂下兩個原則：

第一，「同一時期最多只參加兩項才藝課。」

第二，「即使出現想學的新事物，也不要立刻投入，先觀察一段時間再決定。」

畢竟如果把時間塞得太滿，最終只會變成「為了上課而上課」，無法真正享受其中。

透過「提問」，引導孩子學會思考

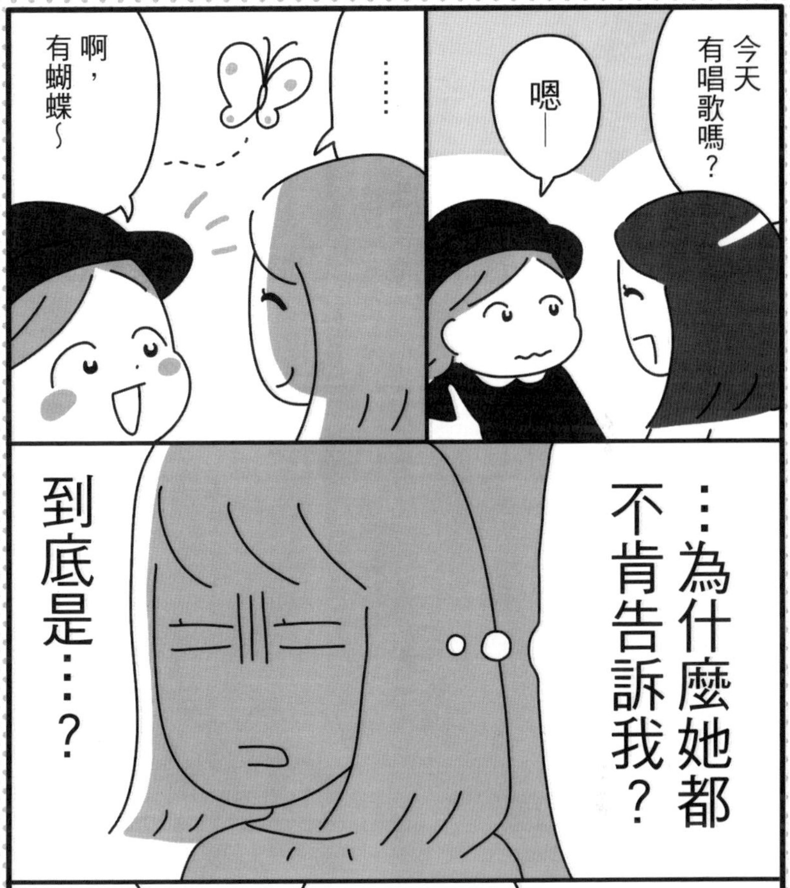
今天有唱歌嗎？
嗯—
……
啊，有蝴蝶～
……為什麼她都不肯告訴我？
到底是……？
我收到妳的心電感應了！
冒出
先試著以封閉式問題來提問吧♡
啊～
重子教練！

封…閉…式…？
什麼…？
媽媽請放心！
對孩子進行提問是好事。
提問，才能讓孩子開始練習思考。
？
提問又分成兩大類。
封閉式問題
以「是」、「不是」就能回答的問句。
開放式問題
不能以「是」、「不是」來回答，而是要用自己的想法來自由回答問題。
如果剛開始還不習慣提問的話，建議可以先從封閉式問題開始唷！
例如，喜歡動物嗎？
想不想吃點心呀？
你喜歡藍色嗎？
へ～！

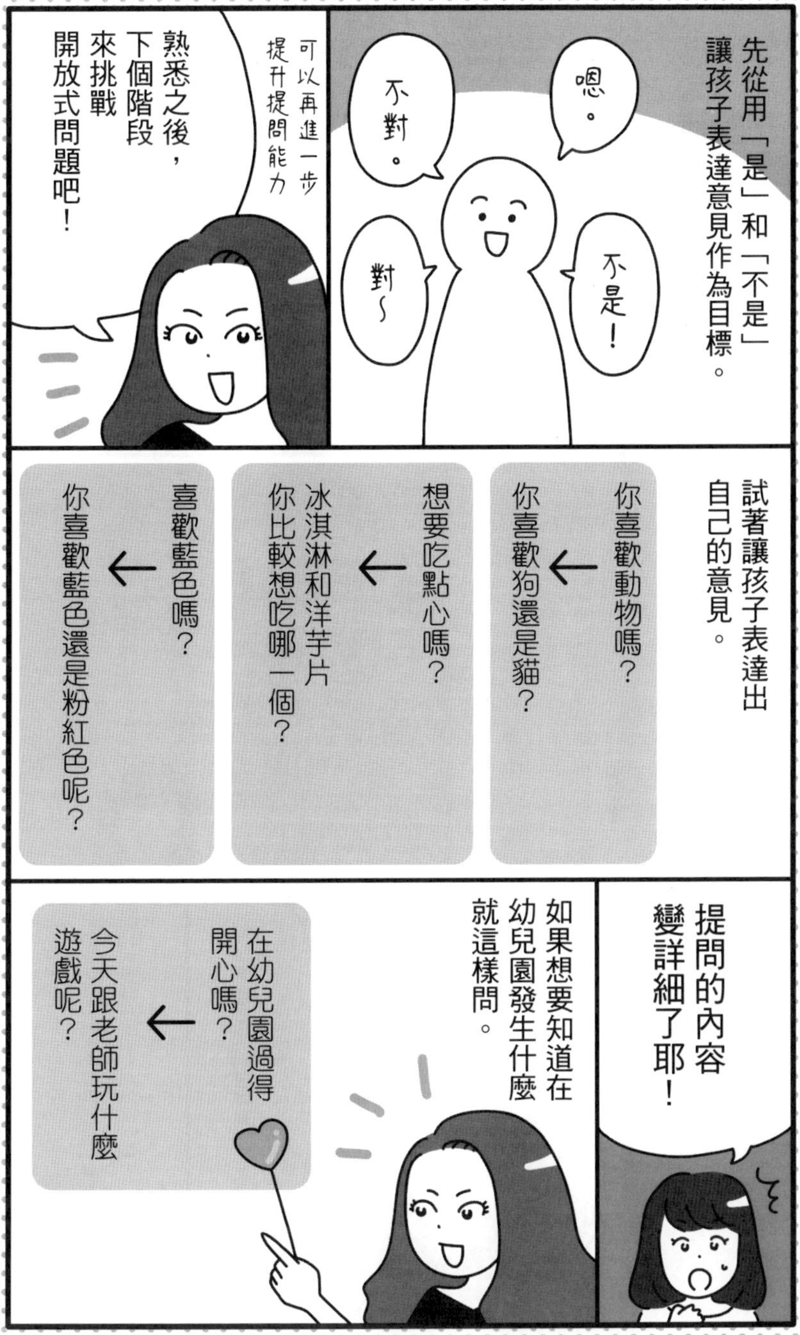
先從用「是」和「不是」讓孩子表達意見作為目標。
嗯。
不是！
不對。
對～
可以再進一步提升提問能力
熟悉之後，下個階段來挑戰開放式問題吧！
試著讓孩子表達出自己的意見。
你喜歡動物嗎？ ← 你喜歡狗還是貓？
想要吃點心嗎？ ← 冰淇淋和洋芋片你比較想吃哪一個？
喜歡藍色嗎？ ← 你喜歡藍色還是粉紅色呢？
提問的內容變詳細了耶！
如果想要知道在幼兒園發生什麼就這樣問。
在幼兒園過得開心嗎？ ← 今天跟老師玩什麼遊戲呢？

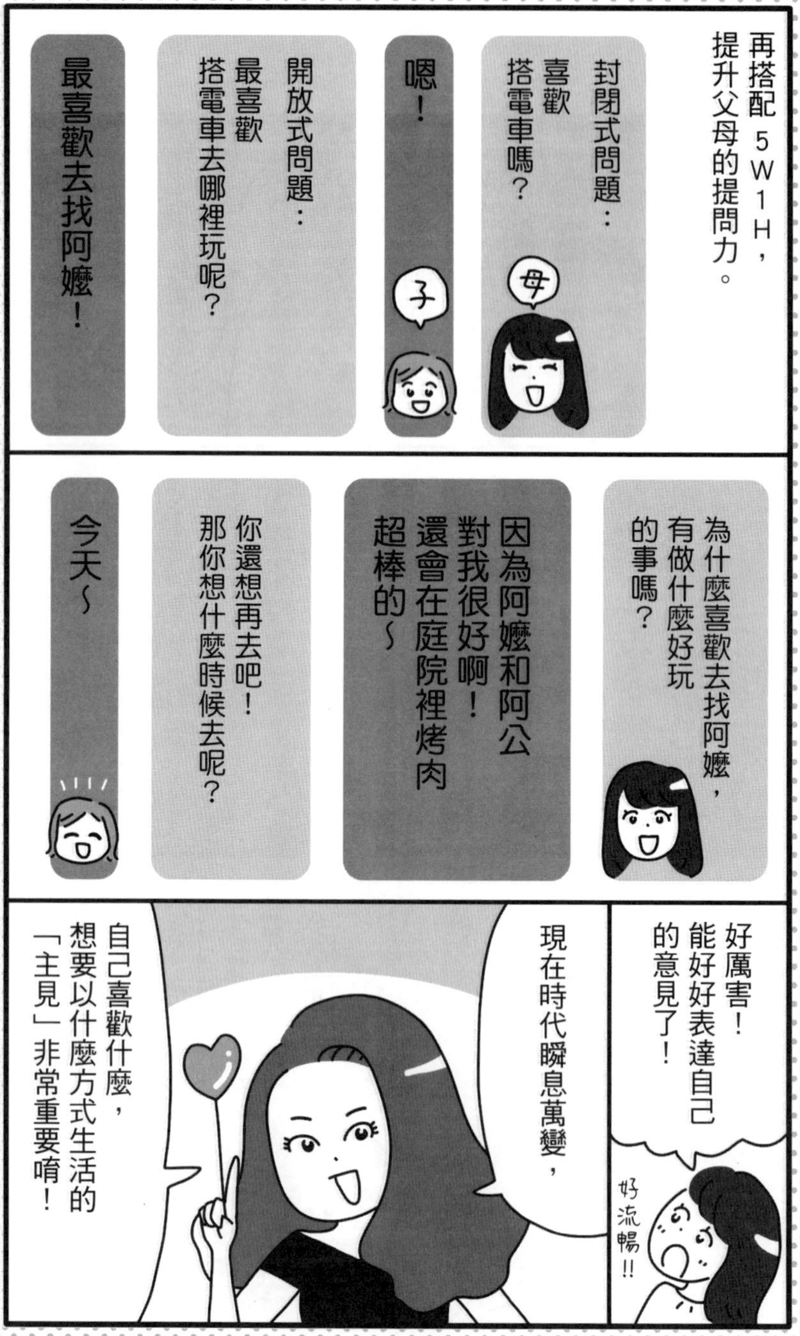
再搭配 5W1H，提升父母的提問力。
母
封閉式問題：喜歡搭電車嗎？
子
嗯！
開放式問題：最喜歡搭電車去哪裡玩呢？
最喜歡去找阿嬤！
為什麼喜歡去找阿嬤，有做什麼好玩的事嗎？
因為阿嬤和阿公對我很好啊！還會在庭院裡烤肉超棒的～
你還想再去吧！那你想什麼時候去呢？
今天～
好厲害！能好好表達自己的意見了！
好流暢!!
現在時代瞬息萬變，
自己喜歡什麼，想要以什麼方式生活的「主見」非常重要唷！

主見呀…在我小時候，父母說的話就是對的呢！
時代真的變得好快呀…
人生就是不斷在做選擇，正因為沒有標準答案，
自己的主見才顯得更重要唷！
好～今天在幼兒園過得開心嗎？
嗯。
玩什麼這麼開心呀？
玩沙沙！
這樣啊～跟誰一起玩呢？
小花和京京!!
對答如流
滔滔不絕
正因為有自己的想法才能做出選擇呀
媽媽好高興能跟妳聊天呦～
真的嗎？
向孩子提問是做父母最重要的責任唷♡

該怎麼培養出「有主見」的孩子？

不只是才藝課，所有事情其實都一樣——唯有孩子擁有自己的想法，才有「選擇」的可能。

例如，他是否想繼續這門才藝課，還是想換個方向呢？我們當然希望能好好聽見孩子的聲音。讓孩子擁有自己的意見，並且能清晰表達出來，是件非常重要的事。現代是個提倡個人主見的時代，但在我們父母那一代，普遍是在「你要這樣做」、「你應該那樣做」這種由上而下的溝通模式中成長。當我們試圖表達自己的意見時，往往會被批評「頂嘴」，甚至遭到嚴厲的斥責：「不要頂撞！」。

我們這一代從小就被期待當個「乖孩子」，比起擁有自己的想法，更被要求「聽話」。現在輪到我們自己成為父母，卻又必須培養孩子的主見，難免會產生「該怎麼辦才好呢？」的困惑吧。

要讓孩子形成自己的意見，前提是他們必須經歷「思考」的過程。而思考的起點，通常就是被「提問」。所以，提升父母的「提問力」，有意識地為孩子創造思考的機會，是非常有效的做法。

提問大致可以分為兩種類型：「封閉式問題」與「開放式問題」。

「封閉式問題」是指能用「是」或「不是」來回答的問題。例如：

提問：「你喜歡草莓嗎？」

回答：「喜歡。」或「不喜歡。」

「開放式問題」則與「封閉式問題」相反，不能用「是」或「不是」來回答。這類問題能讓孩子更自由地表達自己的想法。例如：

提問：「你今天在學校做了些什麼？」

回答：「和大家一起在操場玩耍。」

這兩種提問方式各有適合的使用情境。

封閉式問題有效的情況包括：

①想要明確了解孩子的意願時。

②孩子不習慣表達意見，或因在意父母的反應及他人看法，無法自在說出想法時。

遇到這類狀況，可以先練習讓孩子用「是」或「不是」來表達自己的意願。這是教練輔導中常用的方法，**當孩子還無法直接回答開放式問題時，從封閉式問題開始會比較有效。**舉例來說，可以問孩子：「喜歡動物嗎？」「想吃點心嗎？」「喜歡水藍色嗎？」讓孩子先有自信地回答「是」或「不是」。

在建立起這樣的基礎之後，再逐步增加開放式問題的提問，讓孩子慢慢能表達自己的想法與意見。

以「孩子容易開口」的方式提出問題

如果過去習慣用「你應該這樣做」、「你不能那樣做」這種上對下的溝通模式，突然改用開放式提問，像是「今天怎麼樣？」這種需要自由作答的問題，對孩子來說門檻很高。

這種時候，有效的做法是「提供具體的選項，讓孩子選擇」。

例如問孩子：「你喜歡什麼動物？」如果他一時答不出來，可以進一步提供選項：「狗和貓，你比較喜歡哪一個？」「那牛和馬呢？你會選哪一個？」透過這樣的方式，

孩子會比較容易回應。

如果是問「你喜歡什麼點心？」時，可以換成：「點心的話，冰淇淋跟洋芋片，你喜歡哪一個？」「那軟糖和巧克力呢？」

另一個有效的方法，是明確表達你想知道的事。

比方說，當孩子放學回家，你想了解他在學校的狀況。這時候你可能會問：

「今天在學校過得怎麼樣？」

然而，對孩子來說，這是一個不容易回答的問題。因為它不夠具體，孩子可能搞不清楚你到底想聽什麼。這時候，可以把問題的範圍縮小，問得更具體一點。

把每天習慣性提出的「今天在學校怎麼樣？」這樣的問題，換個方式提問，讓孩子更容易回答，也更能拓展話題。像是：

↓「今天下課的時候玩了什麼？」

↓「今天在學校什麼時候最開心？」

↓「今天在學校努力做了什麼？」

↓「今天在學校什麼時候覺得無聊？」

透過這樣具體的提問方式，孩子清楚知道你想了解的事情是什麼，也就比較容易開口回答問題。

當孩子慢慢習慣自己思考、自己作答時，也能夠更有信心地表達自己的想法。此外，如果希望孩子更常開口、主動分享自己的想法，大人也可以先分享自己「今天最開心的事」或「最努力的事」來示範。

善用5W1H，提升父母的提問力

最後，再介紹一個有效的提問技巧。

舉例來說，當孩子正拿著電車玩具玩耍時，你問他：「你喜歡這台電車嗎？」這種屬於封閉式的問句，孩子可能只會簡短回答：「嗯！」或「喜歡！」，然後對話就中止了。

這時候，可以試著善用「何時、何地、何人、何事、為什麼、怎麼做」這些「5W1H」的提問原則，引導孩子說出更多想法。

【範例】

「你最喜歡搭電車去『哪裡』？」

「去奶奶家！」

「你最喜歡、覺得最開心的是『什麼事』？」

「奶奶和爺爺都對我很好，還有在庭院裡烤肉也很有趣。」

「那你『什麼時候』還想再去呢？」

「今天！」

「哇，今天？『為什麼』今天就想去？」

「因為我好想快點見到他們呀！」

像這樣與孩子的對話，不僅提供了孩子機會表達自己的意見，隨著孩子長大，這些交流也會成為父母心中珍藏的回憶。為了達到這樣的效果，父母應該更積極提升自己的提問能力。

這個章節中說明了「不過度規劃、保留餘裕的育兒方式」。

孩子需要「空白」，才能有機會探索並發現自己的喜好。也正是這份空白，孕育出了「好奇心」與「自主性」。同時，也分享了透過父母的提問技巧，協助孩子培養出自己的想法，進而營造一個能自主選擇的環境。

在下一章中，將介紹一些巧思，讓孩子能夠實際感受到「我能自己做到！」的方法。

CHANGE

想讓孩子學習很多事

↓

在適度放空中孕育出好奇心與自主性

MESSAGE

不過度安排、不過度控制，
留下一點空間的育兒方式，
才能讓孩子和父母都笑得更輕鬆、更自在。

所謂「自主性」，並不是指「被誰要求去做某件事」，而是指「自己主動想做的事」。
想培養一個能察覺自己喜歡什麼、並願意主動去行動的孩子，關鍵不是替他安排大量的活動，反而恰恰相反——重要的是，為他打造一個充滿「空白」與「看似無用」的環境。

在打造能提升孩子自我肯定感與自主性的環境之後，接下來就是營造「孩子自己能做到」的環境。不過，這時最常出現的問題，就是父母「做得太多」了。過度干涉孩子的日常生活、什麼事都想代勞的父母，被比喻為在孩子頭頂上盤旋不去、嗡嗡作響的「直升機父母」。

在這樣的父母教育下長大的孩子，常因缺乏失敗和受挫的經驗，難以積極面對人生，且容易養成長期依賴他人的習慣。即使就讀頂尖大學，也不例外。

重要的是，要培養出「能夠自己做到的孩子」。因此，在第三章，我們將說明如何透過提升執行功能，打造一個能培養非認知能力之一——「自我效能感」的環境。

CHAPTER

3

成為不過度干涉的父母

創造自由空間，
讓孩子相信「我能自己做到」

本章中，父母該展現給孩子看的榜樣

- 不下指導棋，陪孩子一起做
- 將自己的做法分享給孩子，就是最好的示範

在這章要改變的觀念？

孩子做不到，父母幫忙做

↓

不是孩子做不到，
只是父母不願放手讓他做！

在這章要學習的行為？

提升自我效能感
聚焦「知道做法」與「培養習慣」

- 透過細分任務，提升孩子的執行功能
- 善用「喜歡的事」與「擅長的事」，加強執行功能
- 把孩子已經學會的事，交由孩子自己完成
- 累積成功經驗，有助於提升自我效能感
- 從失敗經驗中轉化力量，提升自我效能感
- 學會耐心等待與陪伴，是父母必備的重要能力

不當「直升機父母」，讓孩子自己動起來

今天有體育課喔！媽媽幫你把運動服放進書包了；還有營養午餐有放胡蘿蔔，努力吃一口就好！還有啊，吃完飯要…
滔滔不絕
嗯～
滔滔不絕
啊！時間到了該出門囉！
快點把書包揹起來！
嗯
路上小心！
呼—好有成就感喔♪
今天也順利地送出門上學囉
冒出
那算是誰的成就感呢？

重子教練！
嚇我一跳…
呵呵呵♡
媽媽的動作真的好俐落喔。
就是說啊～
那孩子還什麼都不會～
哈哈哈…
這種想法，
難道不是妳自己認為孩子不會嗎？
咦…咦咦？
可是…早上很忙欸！
我知道呀～
因為沒有多餘的時間，倒不如自己做還比較快呢！

可是妳不放手
讓孩子自己做，
不管過了多久
孩子還是學不會！
指正！
怎麼會…呢！
過度干涉孩子的父母，
在美國被稱作
「直升機父母」。
嗡嗡嗡嗡
去做那個…
去學這個…
好難聽的
形容詞喔…
我也是
這樣的嗎…？
我也曾經
有過這樣的
時期呢。
重子教練
也是嗎？
就是說啊…
真好奇～
我女兒絲凱
在十二歲的時候
想參加一個芭蕾舞
的夏令營。
當時有許多芭蕾舞學校
都有辦這樣的活動，
如果試鏡沒上
就不能參加夏令營！

我認為我女兒應該要去
「最好的學校」和
「最有名的學校」，
於是我自己先上網查資料，
把所有試鏡的行程都安排好，
再把資料交給女兒。
結果我女兒告訴我
謝謝媽媽，
但我想要
自己調查！
聽到她這麼說
我才驚覺，
如果想去
〇〇，
就要先
確認好
△△才行！
我女兒
是能夠自己
做到的！
交給
重子！
然而我卻自以為
自己會做得比她好！
咚！

從那次之後，我只跟她說「有需要幫忙儘管開口」，就在一旁默默關注她！
不錯啊～
我想要去〇〇喔！
默默關注孩子需要很大的勇氣，但我認為這是父母重要的責任！
教練！我也想養出「自己做得到的孩子」！
那就幫孩子培養「我做得到」的信心，也就是自我效能感，同時教他「怎麼做」，加強執行功能，這樣就對了！
自我…？
執行功能…？
好難唷！
只要掌握做法，就會產生自己做得到的信心
下一段漫畫會告訴你，為了提升自我效能感，孩子需要培養哪些執行功能喔♡

在「直升機教養」下失速的孩子

有個詞語叫作「直升機父母」。這個用語最早出現在一九六〇年代，現今被廣泛用來指稱那種對孩子過度保護、干涉太多，凡事都要仔細安排，先鋪好路，幾乎把自己人生奉獻給孩子的父母。

直升機父母會在孩子還沒跌倒之前，預先排除可能造成的阻礙，好讓孩子避開「失敗」、「失望」、「挫折」，以及「效率低落、做事不得要領」等狀況，使他們能順利前進。他們總是替孩子把一切安排得妥妥當當。

「過度干涉孩子」其實一點好處也沒有，但父母為什麼還是會忍不住「做太多」呢？

我認為，背後的原因有兩個。

第一，父母常常認為「孩子做不到」。

第二，父母也常常「等不及」。

我們人是透過反覆練習，才逐漸學會各種事情的。

但如果父母覺得「孩子做不到」、「沒辦法耐心等他學會」，就會忍不住代勞。

確實，由父母來做的確會比較快、比較準確，做得也更好。無論是什麼事情，畢竟

大人活得比較久，知識和經驗自然也比孩子更豐富。

而且不得不說，身為父母，要在旁邊看著孩子努力學習，有時真的很辛苦。眼睜睜看著孩子反覆嘗試失敗、摸索解決辦法，很難不心疼他們的掙扎。尤其當結果不夠成熟或理想時，忍不住會感到懊悔：「如果我當時有幫他就好了。」

但是，父母無法一輩子緊緊守在孩子身邊，也不可能永遠替孩子做所有決定。最重要的是，要讓孩子**「學會自己照顧自己、完成自己的事」**。

為此，儘管過程辛苦，或即使外界觀感不佳，我們仍必須相信孩子，耐心且堅定地守護他們，讓他們成長。

我也曾經是個「控制狂媽媽」

我並不是從一開始就能輕易把事情交給孩子自己處理。尤其一旦牽涉到「社會觀感」或「競爭」這類壓力，就更難放手了。

我真正意識到自己變得「過於干涉」，是女兒要參加芭蕾舞夏令營那段期間。

女兒從小就學習芭蕾，而那個夏令營得先通過試鏡才能參加。不同的營隊等級落差很大，有的是「擠破頭都不一定能錄取」，也有的是「只要報名就能參加」。

我查詢了所有「最厲害的營隊」、「最令人自豪的營隊」，從試鏡日期、內容、評審陣容、藝術總監的偏好，全都整理成 Excel 表格，交給我女兒參考。

「來，這些我都幫妳查好了，難度我也排好了，最難的在前面。還幫妳模擬了幾組可以『早上一場、下午一場』的組合。我覺得第二組最讚——妳想啊，如果能考上這個，超威風的！就算沒考上也沒關係，兩星期後還可以去另一個城市再試一次！」

我直到現在仍然忘不了，女兒當時的回應——「媽媽，謝謝妳。不過我想自己查、自己決定，沒關係的。」

那一刻，我才驚覺：我到底在做什麼呢？

只是因為「我做得比較快、比較準、比較好」，就忍不住搶著替她安排、決定好一切。但事實上，我的女兒早就有能力自己來了。

那是她十二歲的事。從那之後，只要是她能自己完成、努力就有機會做到的事情，我就盡量「不插手、只在旁邊守候」。練習去見證孩子的努力，而不是介入——這真的很需要勇氣。

但後來我明白了，**這份勇氣，其實也是父母必修的一門課。**

孩子在人生路上，一定會跌倒。

也正是因為曾經跌倒、又重新站起來，才會真正有所成長、有所學習。若孩子是在「父母凡事代勞」的環境下長大，往往還沒來得及跌倒，就已被父母一手扶住。等到哪天父母不在身邊，真的跌了一跤，那孩子可能只會呆坐在原地，不知所措——因為他從來沒有「跌倒」的經驗，自然也不懂得該如何「爬起來」。

孩子不是做不到。只是因為父母做太多，才讓他們失去了「做到的機會」。

我們需要從「我來幫忙完成比較快」的心態，轉換成「讓他自己練習，才是真正的幫助」。孩子其實早就擁有「自己來」的能力。也正因如此，我們才要努力陪著孩子，讓他們成為能夠照顧自己、勇敢堅強的人。

別輕易把「做不到」掛在嘴邊

我們很容易把「做不到」掛在嘴邊，但其實，除了那些年齡或能力上確實還做不到的事情之外，很多時候所謂的「不會」，其實只是以下四種情況之一：

- 從來沒做過
- 不知道怎麼做
- 沒有人教過
- 還不習慣、不熟練

也就是說——「只要開始做，就會慢慢學會」。而且漸漸上手，越做越好。

如果父母什麼事都搶在前頭、幫孩子把一切安排得完美，那等於是在剝奪孩子從中學習與成長的機會。沒有人一出生就會走路。我們先是學會翻身、學會爬、學會扶著站，再一邊跌倒、一邊學著走。而父母在一旁守護、相信孩子「終有一天會走得穩妥」，這就是我們給予孩子最珍貴的支持。正是因為我們讓孩子擁有這些不斷嘗試的機會，他們才能夠真的學會獨立走路。其他事情也是一樣的道理。

如果我們不想讓孩子變成「什麼都做不了」的大人，那麼最重要的，就是不要剝奪他們學習的機會。

過度幫忙，即是一種「剝奪」。

「全美最優校女高中生」競賽，是我女兒自己報名的

如同前面提過的，雖然我曾在女兒參加芭蕾舞夏令營時，過度熱心、過度插手，但在那之後，我就盡量改為「相信她、陪著她」的放手式教養。

二〇一七年，女兒獲得「全美最優秀女高中生」的頭銜。

而這場獎學金競賽，其實是女兒自己發現、自己報名參加的。

後來我才知道，原來要參加這個比賽需要準備一大堆資料，整個流程非常繁複。像是：兩封來自學校老師的推薦信、成績單、全國大賽前還得先報名參加地區初賽、表演才藝的內容和音樂歌曲的準備、在地區賽上和所有參賽者一起排練指定曲目，以及表演當天要穿的舞台服裝……

這些手續，從全國比賽的八個月前就要開始準備。

而這些事，全都是女兒自己一手包辦。

我只說了一句：「有需要幫忙的地方，妳再告訴我。」

然而，女兒唯一的請求，就是地區比賽當天開車接送她而已。

當她拿下地區賽冠軍後，隨即展開全國大賽的準備。身為華盛頓特區代表，女兒有三位顧問協助她訓練問答技巧、儀態舉止等等。這些訓練的時間安排、行程規劃，全都是她自己一手打理。

我跟她說：「有需要幫忙的地方，告訴我喔。」

結果她只跟我說：「那妳要來全國大賽看我唷！」

決定要報考哪間大學的人，同樣是我女兒自己。

她自己安排了準備大學入學標準考試（ＳＡＴ）的家教課，自己決定需要上幾堂課、該找誰來教。而我所做的，就只有幫她付報名費、家教費，還有負責接送她而已。

身為父母，有時難免會想：「唉……要是她再多依賴我一點就好了。」感到有點寂寞。但也正因為這樣的「放手」，才讓女兒真正成為一個能夠「凡事自己來」的人。

讓孩子學會自己處理事情，這是邁向獨立與成熟的第一步。

因此，就算心裡有時會覺得寂寞或空虛，父母還是得學著相信孩子、願意放手，讓他們真正展翅飛翔。

讓「我可以做到」的信念更具體可見

你聽過「自我效能感」這個詞嗎？這是「非認知能力」的一種，意思是：「我做得到」、「我相信我可以做到」、「我一定能做到」——擁有這種信念的力量。

孩子如果能真心覺得「我做得到」，那他就更能勇敢採取行動。**想要培養這樣的自我效能感，提升孩子的「執行功能」非常關鍵。**

所謂「執行功能」，指的是「知道該怎麼做」。簡單來說，就是能夠自己蒐集達成目標所需的資訊，訂定計劃，然後付諸行動，最終完成目標的能力。也可以說是計劃力與執行力的結合。這項能力不需要刻意培養，在日常生活中就能有效提升。

準備上學所需的書包，就是個很好的例子。

- 列出明天上學前要完成的事項清單
- 要帶到學校的物品也列出一份清單
- 決定何時、何地、花多少時間完成這些事項
- 準備好所需物品，執行待辦事項，並確認於預定時間內完成

這一連串的過程，就是所謂的「執行功能」。

提升執行功能的教養方式

還記得嗎？孩子不是做不到，他們只是——「從沒做過」、「不知道怎麼做」、「沒有人教過」、「還不習慣」而已。

所以，只要學會方法、熟悉流程，自然就能慢慢做得來、學得會。

務必牢記「知道怎麼做」與「熟悉操作」這兩大關鍵，接下來這一章，會介紹六項幫助孩子培養執行功能的實用技巧。

- 透過細分任務，提升孩子的執行功能
- 把孩子已經學會的事，交由孩子自己完成
- 善用「喜歡的事」與「擅長的事」，加強執行功能
- 累積成功經驗，有助於提升自我效能感
- 從失敗經驗中轉化力量，提升自我效能感
- 學會耐心等待與陪伴，是父母必備的重要能力

要提升執行功能，最有效的方法，就是大人先替孩子搭建好「基本架構」。

正因為孩子不懂，我們當然需要教，但**在培養「非認知能力」時，比起上對下地直接指導，更有效的方式是——先做一次給孩子看。**

請試著用「我們一起來試試看吧」的態度，引導孩子行動。

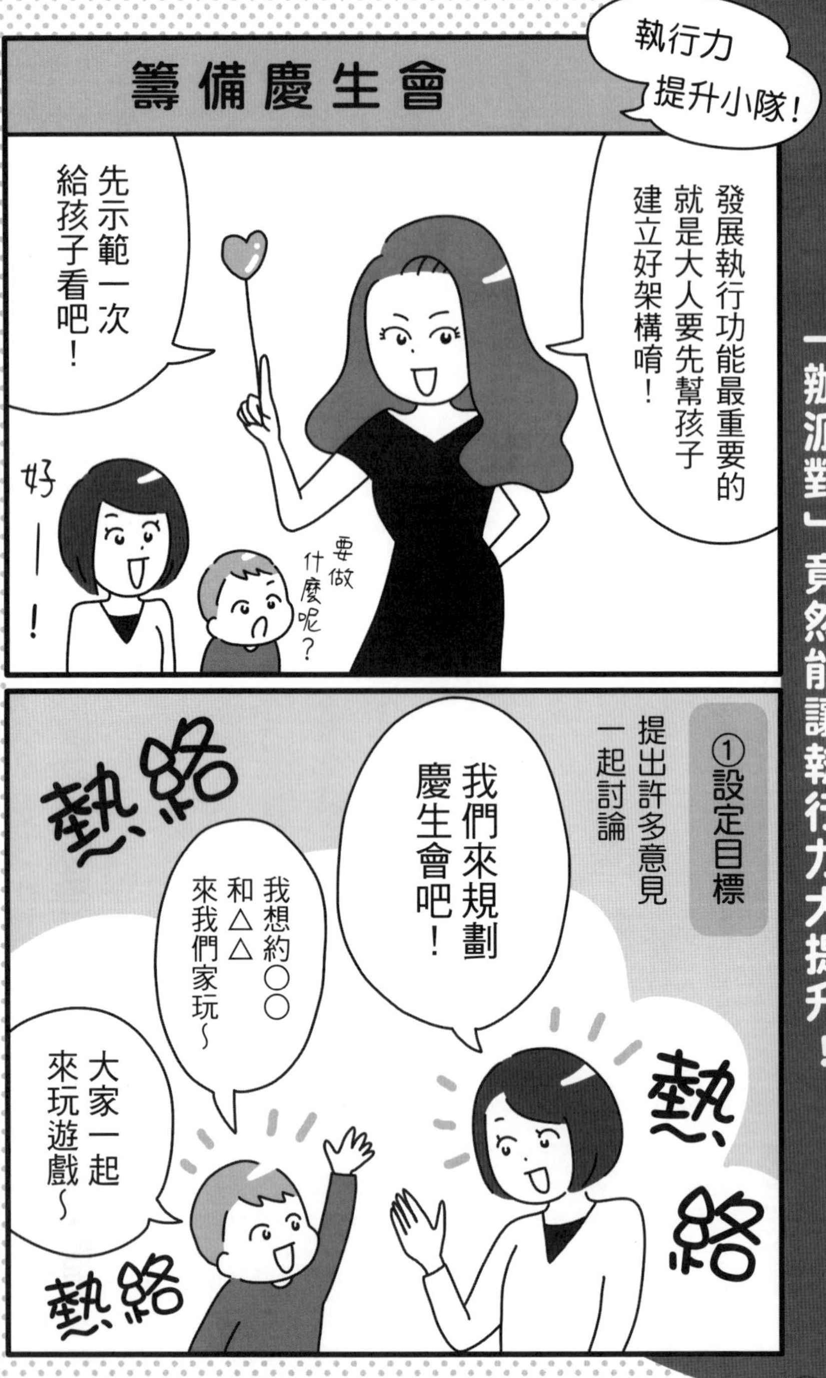
執行力提升小隊！
籌備慶生會
發展執行功能最重要的就是大人要先幫孩子建立好架構唷！
先示範一次給孩子看吧！
好——！
要做什麼呢？
①設定目標
提出許多意見一起討論
我們來規劃慶生會吧！
我想約○○和△△來我們家玩～
大家一起來玩遊戲～
熱絡
熱絡
熱絡

②把要做的事寫下來	③把待辦事項的細節寫下來	④把預計完成日期寫下來
決定時間	朋友們大多什麼時候有空	星期一
決定邀請的人	邀請多少人來家裡／邀請誰	星期一
列出邀請對象，製作邀請函	設計邀請函	星期一
分發邀請函	親送／郵寄／電子郵件	星期一
決定要使用家裡的哪個空間	主要會場的空間／置放行李的空間	星期二之前
想好當天的活動流程	活動細節	星期五之前
決定當天的餐點	食物、飲料／哪些要親手製作	星期五之前
決定要用什麼餐具	餐具夠不夠／是否準備紙盤、紙杯	星期五之前
空間布置	該怎麼布置／該準備什麼裝飾品	星期六
準備伴手禮	要不要寫謝卡／是否要親手製作	星期六之前

⑤把完成事項打勾
都決定好了吧！
只剩下這個和那個……

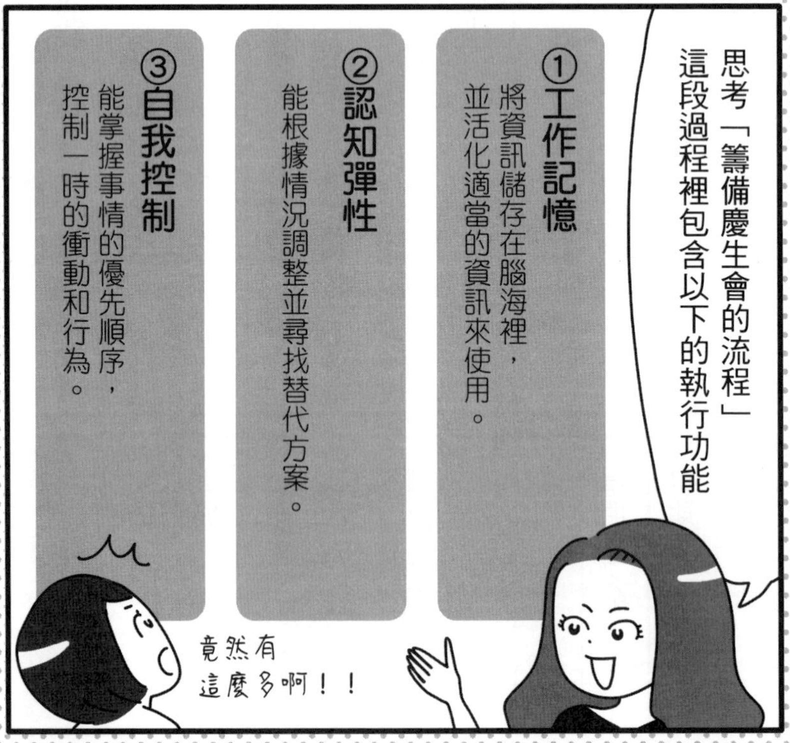

思考「籌備慶生會的流程」這段過程裡包含以下的執行功能
①工作記憶
將資訊儲存在腦海裡，並活化適當的資訊來使用。
②認知彈性
能根據情況調整並尋找替代方案。
③自我控制
能掌握事情的優先順序，控制一時的衝動和行為。
竟然有這麼多啊！！

重點不是教孩子怎麼做，而是親自做給他看！
一定能做得到這種感覺很愉快吧♡
因此「和孩子一起做」是最具有效果的唷！
可是教練，我們家應該不會辦什麼太厲害的慶生會欸！
就算不是辦慶生會也沒關係喔~
哎呀！
我難道沒說過嗎？
就算是週末的野餐日，也能跟孩子一起擬定計劃和討論準備工作呀！
可以一起討論要吃什麼便當，要去哪裡野餐唷~
這種事情我應該辦得到！

重要的不是要做出「值得炫耀的排場」、「看起來很有質感」、或是「能拍照分享到社群」的活動。
重點不在於有沒有成功
能跟孩子一起溝通、聆聽意見、反覆討論，
這裡要怎麼做呢？
嗯～還是不要這樣好了？可是呢～
在不斷思考中一項一項解決的過程才是最重要的唷！
不論結果如何都能成為很美好的回憶。
HAPPY BIRTHDAY
生日快樂～！

訂下目標，擬定計劃，努力執行的能力，等孩子長大後也會有所幫助唷！
像是…工作嗎？
剛出社會進公司上班，不是會有那種手足無措不知怎麼下手的時候嗎？
不知道要先做什麼…？
想拿到訂單！就必須先預約見客戶，那先來打100通開發電話吧！
把該做的事逐步「拆解」，再一一完成的習慣，一定會為未來大大加分的！
學會完成目標的「做法」，是建立讓人生感到快樂的基本能力唷！
可以訓練孩子從小就開始培養唷♡

四歲起就能自然養成「作業細分能力」

訂定目標、擬定達成計畫並付諸實行，直到目標達成。這是成年人在人生中不可或缺的重要技能。

即使面對不熟悉的工作，也不會不知從何下手，而是能夠將任務拆解成「小步驟」，全心投入並逐一完成。

訂定目標、設定達成期限，蒐集達成目標所需的行動與資訊，擬定計劃並付諸實行——若擁有這樣的「執行功能」，無論面對任何挑戰，都能順利完成目標。了解達成目標的方法，也就是具體的「做法」，是創造並規劃幸福人生不可或缺的能力。

「訂定目標，明確掌握各階段任務，一步步確實完成，最終實現目標」——大人要將這樣的流程實際展現給孩子看，幫助他們逐漸建立這樣的思考模式。

對孩子來說，提升執行功能的第一步，就是進行「細分化」練習。可以按照以下的順序進行拆解：

①設定目標，例如：「我要在〇〇之前完成△△。」

②列出為了完成目標所需的所有步驟。
③列出執行這些步驟時所需要的資訊。
④決定什麼時候要做、最晚完成期限，也一併寫下來。
⑤完成一項後，就打勾或記號，確認進度。

例如，打掃、料理這類的家事，是提升執行功能的最佳途徑。因為家務事是每天都需要進行的，所以具有持續性，並能促使「習慣」的養成。

另外，在家裡舉辦像是「生日派對」等活動，也是絕佳的機會！就從計劃和籌備階段開始，與孩子一起共同執行及參與吧！

讓生日派對成為「提升執行力」的大好時機

提到「生日派對」，可能會讓人覺得是一個龐大的任務。但把「大目標」拆分成數個「小步驟」後，其實就沒有那麼困難。**與孩子一起反覆練習將「大目標分解成小步驟」，讓孩子能夠學會自己獨立將任務「進行拆解並執行」。**

從規劃生日派對開始，涵蓋了以下所有執行功能：

①工作記憶（將資訊儲存在腦海裡，並活化適當的資訊來使用。）

②認知彈性（能根據情況調整並尋找替代方案。）

③自我控制（能掌握事情的優先順序，控制一時的衝動和行為。）

舉辦慶生或活動的過程中，涵蓋了上述所有的執行功能，因此我強烈推薦這樣的練習。具體來說，這項活動可以從孩子尚未進入小學前就開始進行。

這個流程僅是一個範例。根據孩子的年齡、邀請朋友的時間安排，以及所在社區的規定等，每個家庭的情況和需求都不盡相同。因此，親子共同策劃出最棒的生日派對，將會是一次珍貴無比的回憶。

這之中的關鍵在於，不是單方面教導孩子方法，而是親自「示範給孩子看」，和孩子「一起做」。這不僅是整體活動的樂趣所在，對於提升孩子的執行力也具有實際效益。

父母先告訴孩子「現在想要做什麼」的計劃，該如何落實每一項任務的具體安排，並且讓其了解何時、如何完成這些任務，能讓孩子更容易理解整體過程。

不過度追求「流量」、「體面」或是「品質」

重要的，並不是「追求高品質」、「讓朋友不會覺得丟臉」、或「讓媽媽可以拿來向朋友炫耀」、甚至是「能打卡拍照上傳」。

真正重要的，是與孩子一起反覆討論、偶爾感到迷惘，並一步步做出最佳選擇的那段過程。如果能夠珍惜這樣的歷程，那才是真正寶貴的體驗。

我們家也將這樣的流程延伸應用到生日派對以外的場合，例如週末計畫、與朋友合辦的家庭聚會等。在這些活動中，我們始終有意識地想要提升女兒的執行功能，並堅持實踐這樣的方式。這樣的過程不僅培養了孩子的非認知能力，也成為了我們家庭中無可取代的美好回憶。

執行力提升小隊！
負責準備星期天的早餐
讓孩子去做自己喜歡和擅長的事，便能輕鬆提升執行力。
而且平常的家事因為具有持續性，所以很容易就能養成「習慣」。
如果在家庭這個最小的社群，能具體感受到「自己是有用的一員」……
FAMILY
便能培養出合作力和社交能力等非認知能力。
因為我女兒喜歡下廚，所以從她小學一年級開始，便由她負責準備全家人星期天的早餐。
從國小就能設定這些目標囉！

培養「責任感」，從讓他做「喜歡的事」開始

①設定目標	早上九點前要準備好一家三口的早餐		
②把要做的事寫下來	先想好要做什麼料理	去超市買齊預算內的食材	自己起床，準備好早餐後再叫父母起床
③把待辦事項的細節寫下來	需要什麼食材，該怎麼做？	把材料寫下來，請爸爸陪同前往超市	要幾點叫父母起床？
④把完成日期記錄下來	星期六	星期六	星期日

把一項任務完全交由孩子來負責

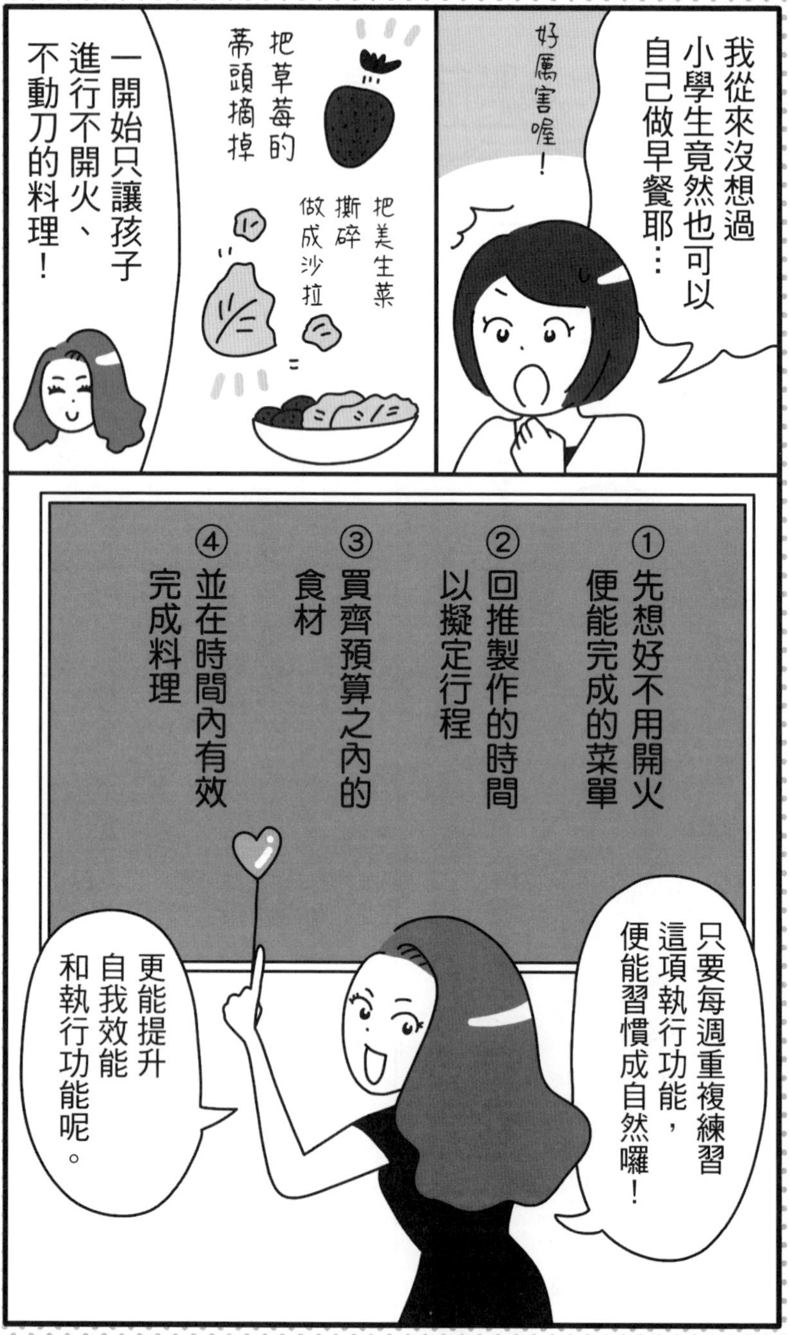
我從來沒想過小學生竟然也可以自己做早餐耶……
好厲害喔！
把草莓的蒂頭摘掉
把美生菜撕碎做成沙拉
一開始只讓孩子進行不開火、不動刀的料理！
①先想好不用開火便能完成的菜單
②回推製作的時間以擬定行程
③買齊預算之內的食材
④並在時間內有效完成料理
只要每週重複練習這項執行功能，便能習慣成自然囉！
更能提升自我效能和執行功能呢。

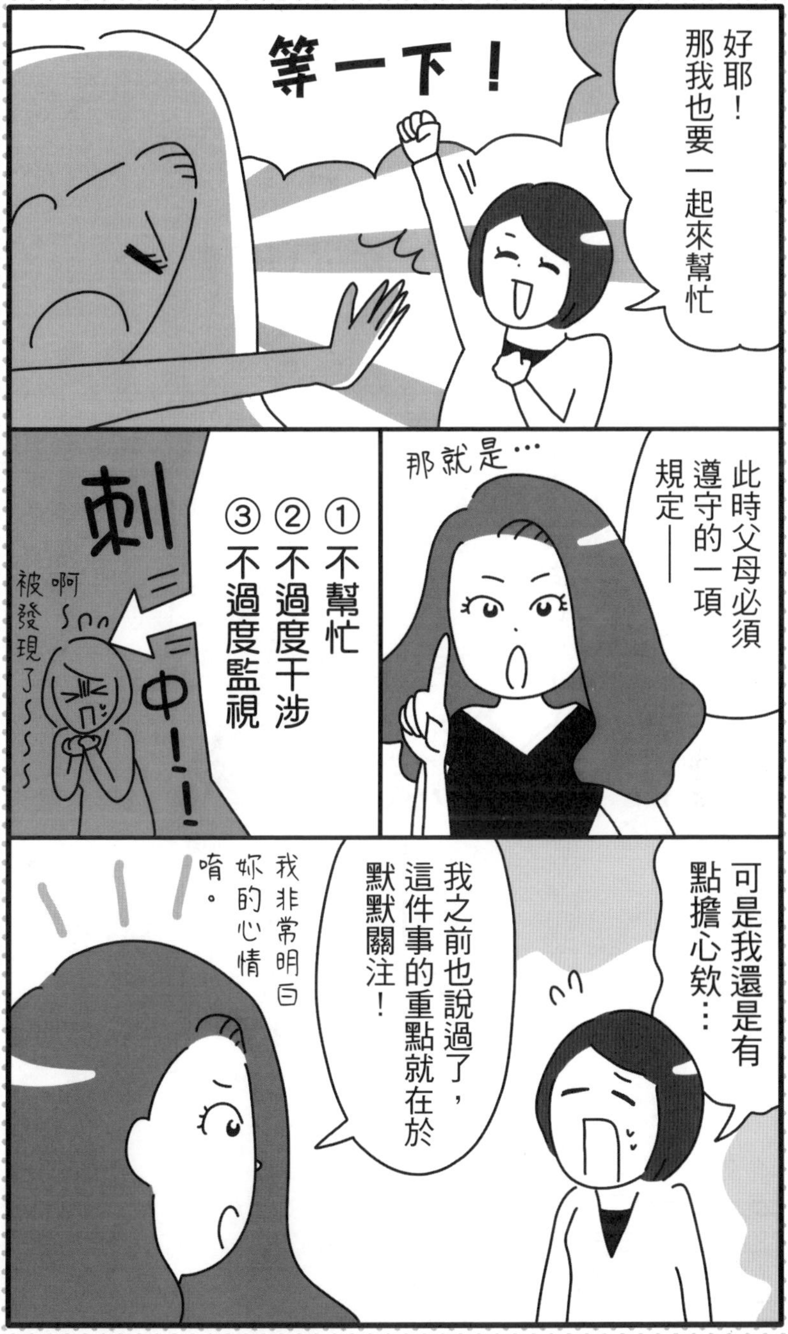

好耶！那我也要一起來幫忙
等一下！
此時父母必須遵守的一項規定——
那就是…
①不幫忙
②不過度干涉
③不過度監視
刺
中！！
啊～被發現了～～～
可是我還是有點擔心欸…
我之前也說過了，這件事的重點就在於默默關注！
我非常明白妳的心情唷。

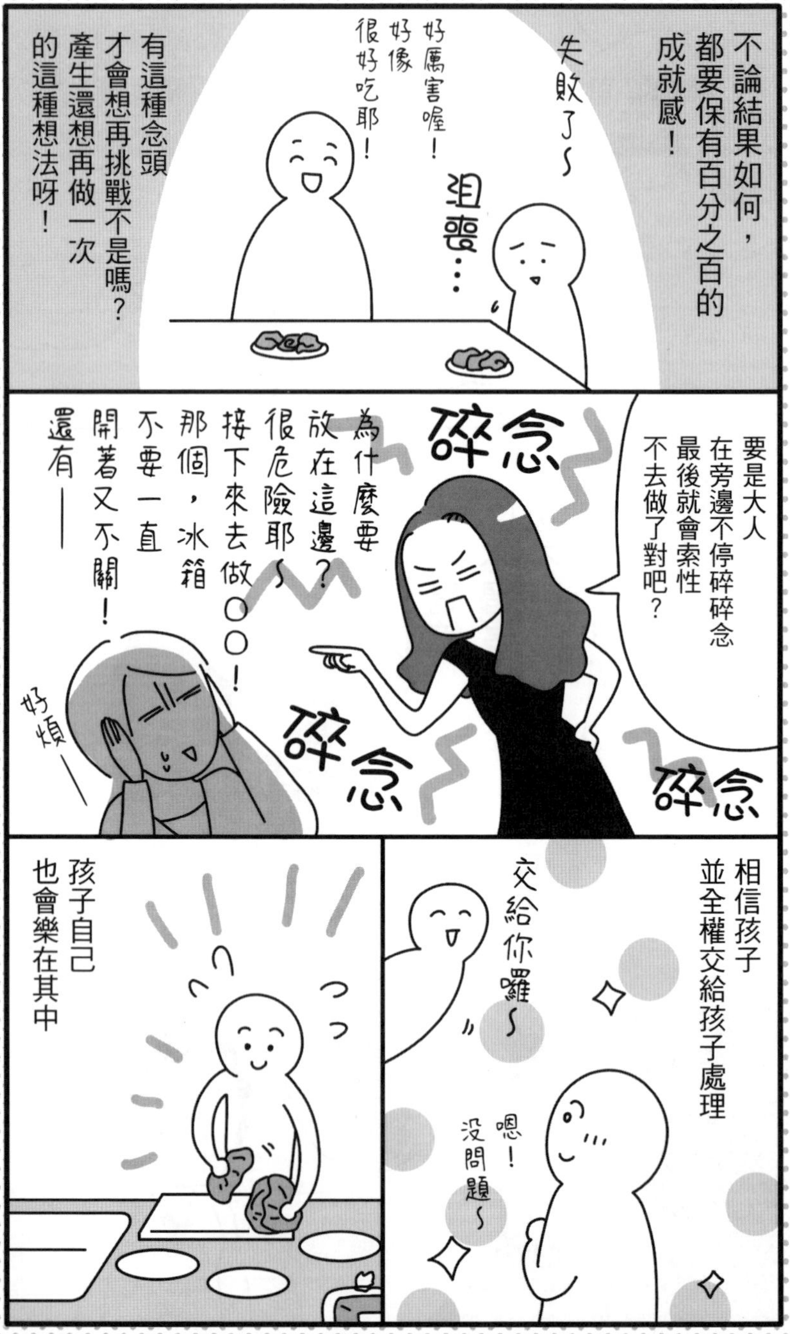

不論結果如何，都要保有百分之百的成就感！
失敗了～
沮喪…
好厲害喔！好像很好吃耶！
有這種念頭才會想再挑戰不是嗎？產生還想再做一次的這種想法呀！
要是大人在旁邊不停碎碎念最後就會索性不去做了對吧？
碎念
為什麼要放在這邊？很危險耶～接下來去做○○！那個，冰箱不要一直開著又不關！還有——
碎念
碎念
好煩——
相信孩子並全權交給孩子處理
交給你囉～
嗯！沒問題～
孩子自己也會樂在其中

不然等孩子做完後再買什麼禮物送他好了♪
冒出～
孩子幫忙做家事再額外給他獎勵反而會造成反效果喔♡
可是我想要獎勵他啊
怒
啊～到底想怎樣！ん
!!!
一旦以獎勵為目的就會讓孩子失去幹勁呦～
我們是希望孩子能感受到自己是家庭的一員，一起分擔家事。
這樣啊…
全家人一起思考該如何輕鬆有效運用孩子的喜好和專長並一同討論「工作」分配
讓我們一起快樂地提升孩子的執行功能吧♡
這個可以麻煩你嗎？
我也想試試看！

放手讓孩子去做「擅長的事」

愛因斯坦曾說過這樣的話：

「每個人都是天才，但是，如果你用爬樹的能力評斷一條魚，牠將終其一生都覺得自己是笨蛋。」

每個人在做自己擅長的事情時，都會充滿自信，內心充滿積極的情感。**如果希望孩子更有自信，就該讓他們多去做自己擅長的事情，增加他們內心出現「我做到了！」的閃耀時刻。**

除了之前提過，像是舉辦生日派對等活動，我們還可以透過日常家事來提升孩子的執行功能，關鍵在於，巧妙利用孩子的「興趣」和「專長」來進行的「幫忙」活動。

家事是每天都需要持續進行的事情，這能幫助孩子慢慢「習慣」，對提升執行功能非常有效。

此外，「家庭」是人際關係中最小的單位，孩子也能在這裡培養「成為有用成員」的社會能力，這也是非認知能力的一部分。

關鍵在於，一旦決定了某項「角色」，就盡可能讓它持續一段中長期的時間。

提升執行功能的關鍵就是「習慣」，所以並不是隨便交代一堆任務讓孩子去做，而是長期賦予他某一項「固定角色」，並且在過程中給予足夠的信任。

讓孩子做家事的三個小訣竅

我女兒從小就很喜歡做菜，經過家庭討論後，從小學一年級開始，她便負責每週日早上全家人的早餐。

隨著孩子逐漸成長，長期堅持的結果，讓她的執行功能明顯提升許多，能夠達到的目標和任務的難度也越來越高。

最初，她做的只是「去掉草莓蒂頭」和「準備生菜沙拉」，但到她高中畢業時，我們每個週日已經進化到能夠享用「煎餅、炒蛋、培根」等，她獨立做出的豐盛早餐。

讓孩子負責準備「週日早餐」，聽起來簡簡單單的一句話，其實涵蓋了許多不同的步驟，包含「規劃不用開火的菜單（例如幼兒園和小學時）」，學會「倒推需要的時間」、「在預算內購物」以及「在限定時間內提高效率」等。

這些過程涵蓋了多方面的執行功能，而每週重複的循環，讓孩子在毫無壓力的狀態下，自然而然掌握並熟練這些步驟。隨著執行功能的逐步提升，孩子的自我效能感也跟著穩定成長。

此時父母需要遵守三個要點，才能幫助孩子獲得百分之百的成就感。這樣一來，無論最後結果如何，這份成就感都會轉化為孩子的自信。為了達到這點，家長請務必牢記以下三個原則：

①不幫忙 ②不過度干涉過程 ③不過度監視

最重要的是，讓孩子感受到你對他的全然信任，而這份信任，必須透過「非語言」的方式傳達。

從小小「任務」開始學會負責任

以我們家的例子來說，是從「週日早餐負責人」開始的。你也可以把那些孩子已經能做到的事，或者只需稍微努力、示範一兩次給他看就能上手的任務，交由他們來嘗試。將**原本由父母負責的事，一點一滴轉交給孩子**，是提升執行功能非常有效的方式。

正如先前提到的，孩子並不是「做不到」，多半只是因為父母習慣親力親為，才讓

孩子從未有過嘗試的機會。**與其讓孩子習慣「凡事由父母代勞」，不如從小幫助他們成為「能夠獨立完成任務的人」；是否給予孩子這樣的成長空間，決定權其實在父母手中。**

那麼，該從哪些任務開始讓孩子接手呢？思考這個問題時，不妨先問自己：**「如果孩子不做這件事，真正會感到困擾的人是誰？」**這個問題能幫助你釐清該從哪裡著手。

因為最理想的狀況是，真正「會感到困擾的人」，就是最合適執行該任務的人選。這樣當他無法自己完成這件事時，就會因此確實感覺到困擾。

當然，有些任務即使困擾的是孩子，還是要父母才能夠完成。這種情況下，就應該繼續交由父母負責。

也就是說，像是生活起居等，如果孩子沒有做到會吃虧、受影響的事情，就可以讓孩子練習自己完成；而只有父母能做的任務，就由父母承擔。這就是任務移交的原則。不妨實際整理看看，平時有哪些事情可以「交給孩子負責」。

例如：設鬧鐘、起床、刷牙、挑選衣服、換衣服、準備學校用品、準備早餐、吃早餐、寫作業、準時出門上學、補習班接送、支付學費、交通費和營養午餐費……

仔細檢視這些事項就會發現，不做之後「會讓父母困擾」以及「非父母做不可」的事，大多只有繳交「學費」或「營養午餐費」等金錢面的事。其他即使像是補習接送，也可以視情況，逐步讓孩子練習自己處理。

孩子整日不讀書、每天遲到或忘東忘西，甚至不刷牙導致蛀牙，實際上真正受影響的，是孩子自己（雖然硬要說的話，看牙醫的費用對父母而言也可能是一種麻煩）。

正因如此，最終目標是讓孩子能夠「自己處理好這些事情」。

在移交任務時，最重要的標準不是「這個年紀應該可以自己做的事」，而是要仔細觀察孩子現在的狀態，透過親子間共同討論，一起來決定哪些任務對孩子來說可以承擔。

和孩子一起把「任務」具體化

隨著孩子年齡漸長，那些只有父母才能完成的事情（例如賺錢、支付學費或營養午餐費等）也會逐漸減少。這時就需要回過頭來檢視：還有哪些孩子自己能夠完成的事，卻一直由自己代勞？

此時，**親子共同製作的「任務清單」**就會非常有幫助。

請將每項任務及負責人清楚寫出，任務完成後就在旁邊打個勾。這個勾勾代表「我做到了」，每完成一次，孩子的自我效能感就會隨之提升。這就像在蒐集「我可以做到」的證明一樣。建議將這張清單，貼在全家人都看得到的地方。

不要害怕讓孩子面對失敗

媽媽！
我今天想要來做點心～
喔！好呀～
要不要來做鬆餅試試？
嗯！好呀～
我們先把蛋和牛奶倒進碗裡～
發抖…
發抖…
唉呀！
打碎
真拿妳沒轍耶。
媽媽幫妳打蛋囉。
打蛋
再用打蛋器攪拌均勻就可以囉～

啊啊！
打翻～
滑掉！
我打翻了⋯
冒出來～
又失敗了？
不然媽媽幫妳吧。
鬆餅粉
妳想要自己
再試試看嗎？
等到冒泡泡的時候
就要記得翻面喔！
滋～
焦黑！！！
我不會啦～
哇啊啊啊
乾脆下次
還是讓媽媽
來做吧⋯
探頭
看起來
很好吃呢！

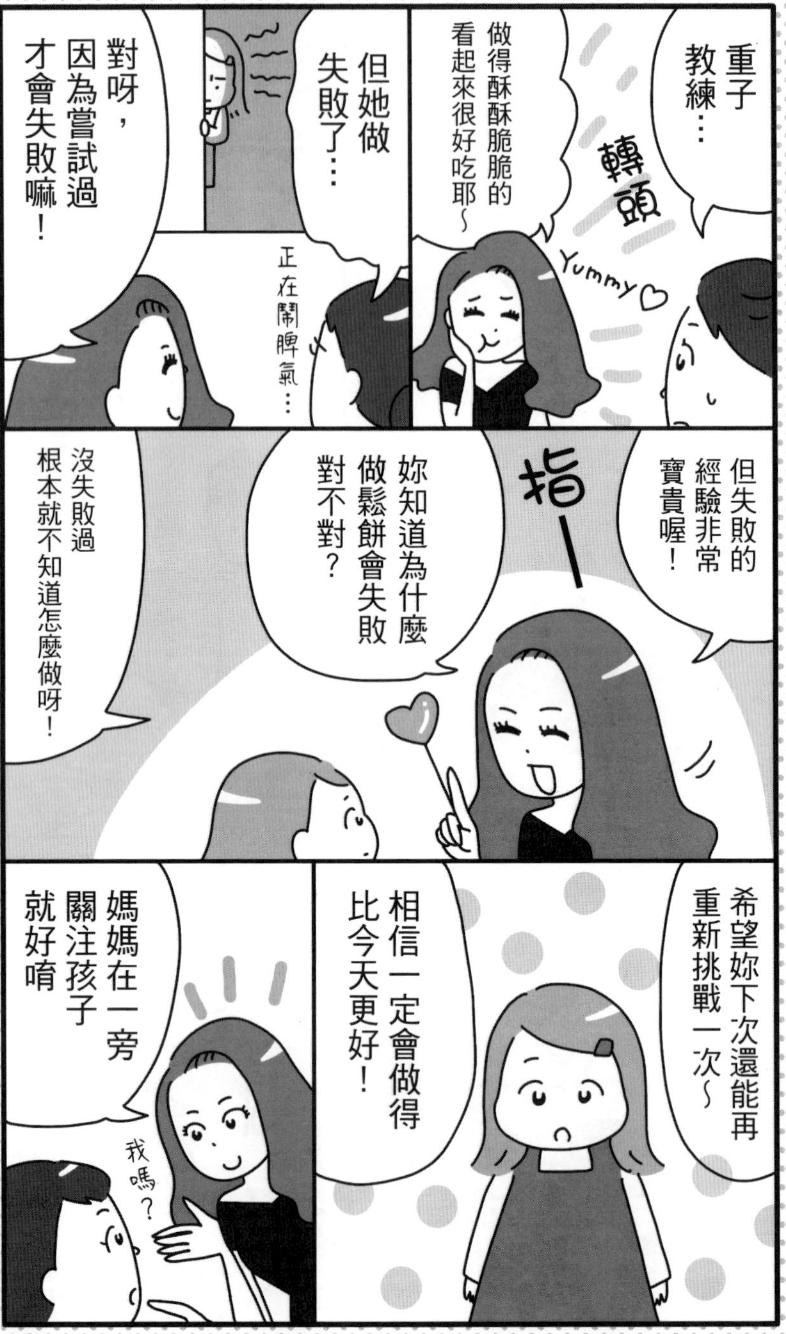
重子教練…
轉頭
做得酥酥脆脆的看起來很好吃耶～
Yummy♡
但她做失敗了…
正在鬧脾氣…
對呀，因為嘗試過才會失敗嘛！
但失敗的經驗非常寶貴喔！
指—
妳知道為什麼做鬆餅會失敗對不對？
沒失敗過根本就不知道怎麼做呀！
希望妳下次還能再重新挑戰一次～
相信一定會做得比今天更好！
媽媽在一旁關注孩子就好唷
我嗎？

可是只要看到女兒哭…
做父母的就會忍不住想幫忙啊！
默默關注孩子非常難受吧。
來試試看吧～可是…
可是現在正是能鍛鍊孩子靠自己的力量重新振作的時候！
嗯～
放心吧！
孩子遠比父母所想的還要更堅強呦～
希望媽媽能相信自己的孩子絕對沒問題！就在一旁默默關注就好～
可是我該怎麼默默關注呢…？
真的只要看著就好嗎？
那改用非語言的陪伴妳覺得如何呢？

我女兒十五歲時，
參加了一場芭蕾試鏡。
身邊的人都認為
她鐵定能當主角，
結果最後卻只是候補演員。
試鏡失敗後知道結果的她
崩潰地大哭。
嗚嗚…
嗚嗚…
雖然我也深受影響，
但我選擇相信女兒，
拼命忍耐下來。
但私底下
卻跟老公
哭著大吐苦水…
那個導演
是瞎了嗎?!
我不在女兒面前表現出情緒；
而是煮了她最愛吃的義大利麵，
並且買可愛的衣服
放在她的房間門口。
Skye
振作！
結果我女兒
突然自己
展開行動～

她後來直接去請舞台導演
指導她的演技，
甚至借了練習用的
影片回家！
或許是這方法奏效了，
結果她成功地當上主角
站在舞台上表演呢。
我問她為什麼這麼拼命？
我知道候備演員
也有機會
能站上舞台，
所以我更要盡自己
最大的努力
爭取能夠上台的機會！
媽媽！
我很想再
試一次！
好的！
來做吧～
孩子都很堅強，
會想辦法
克服一切困難的！
再來一次～
在父母的關注支持下
孩子才會有所成長唷♡

只有失敗才能學到的兩件事

有兩件事，是只有透過「失敗」才能真正學會的，那就是：**問題解決能力與復原力**。

當一個人因為失敗或挫折而感到沮喪時，能夠重新振作、適應現實、調整心態，這就是「復原力」，也是一種非認知能力。

當孩子失敗時，如果父母立刻就出手「救援」，等同於在剝奪他寶貴的學習機會。

失敗可以是結束，也可以是轉機。

如果就此止步，它就是一次單純的「失敗」；倘若把它當作中繼站，並設法走過去，即使沒達到預期，也能從中培養出「我做得到」的自我效能感，或是引發「那我該怎麼辦？」的問題解決思考激盪。

更重要的是，這會為孩子累積「如何跨過難關」的經驗值。

因此，當孩子面對失敗時，父母不要焦急伸出援手，慢下來、試著用言語引導，幫助他學會自己站起來，自己想辦法跨過去。

請放心，孩子身上蘊藏的能力，其實遠比大人所想得還要多。他們的堅強，也常常超乎我們想像。小小的身體看似脆弱，其實韌性與力量，比我們想像的更強大。

目睹孩子遇到挫折而難過、懊惱時，父母的心往往也會跟著抽痛。我完全理解這有多麼難忍。

但請試著相信——「我的孩子一定做得到」，並以陪伴貼近他們、理解他們的心。當孩子終於走過那些難關時，將會收穫一份極其珍貴的禮物——「我做得到、我沒問題」的自我效能感，以及由內而生的滿足與自信。

孩子也有「自立自強、跨越挫折」的能力

我作為家長的韌性曾經備受考驗。

女兒十五歲那年，參加了一場《胡桃鉗》芭蕾舞劇主角的試鏡。該演出在可容納兩千人的華納劇院，與華盛頓芭蕾舞團合作，是個大型舞台。演出長達三十天，主角將由三人輪流擔綱，而女兒原本是被看好的其中之一。

然而，試鏡結果女兒卻被指定為「主角候補」，也就是備用演員。由於主角已經有三人，即使有人因故缺席，其他兩人依然可代打上陣。換句話說，女兒登台的機會渺茫。

從試鏡結束那一刻起，女兒就已經明白自己沒被錄取了，真的非常失落。鮮少落淚的她坐在汽車後座默默掉淚，那一幕讓我內心深深動搖。

接下來的三天，對我來說是最難熬的時光。看到女兒這麼難過，我對那位負責評審的舞台導演充滿憤怒，甚至一度想衝去找他理論。

但我知道，作為母親，我能給女兒最大的支持就是耐心等待，靜靜守著她，相信她會自己走出來，相信她一定能親自跨越這道難關。

我在女兒面前，從不表露出失落的情緒，盡可能以平常心對待她，絕口不提芭蕾和試鏡的事；晚餐時則做她最愛的義大利麵，也買了可愛的T恤放在她房門外；還更改了平常「晚上十點半媽媽就下班」的原則，寫了紙條說：「今天不管多晚，媽媽隨時都在，妳只要說一聲就好。」

當然，我在丈夫面前，可是氣得直流淚：「那個導演也太過分了吧！」

結果，你們知道後來發生了什麼事嗎？我女兒選擇親自去找舞台導演「溝通」。她主動提出，希望能借閱原本只提供給主角的排練錄影帶：「我想以替補身分熟記舞步」，並請求導演幫忙看自己動作不夠到位的地方，成功爭取到短短五分鐘的指導時間。

也許是被她的積極與誠意打動，最後導演破例讓她以「第四位主角」的身分站上正式演出的大舞台。

我事後問我女兒：當時為何要這麼做？

「很多同伴連候補都沒選上，而且這個角色也是我一直以來嚮往的。即使只是候補，能待在舞台側邊學習舞步，也可能有機會登台。所以，我決定用自己最好的力量去做該做的事，不留下遺憾。」

孩子比父母想像中還要堅強，能夠自己幫助自己，這份力量遠勝於父母的及時救援。

看著孩子受苦卻只能靜靜守候，對父母來說是件痛苦的事情。但這段經歷教會我們，父母要信任孩子，靜心守候，因為孩子更需要的是從風暴中學習，並再次站立。

幸好當時沒有衝動去找舞台導演理論。

「行動」與「態度」，有時比言語更有力

當孩子因為沒有達到理想成果而沮喪時，我們有時也會苦惱：「不知道該說些什麼話才好。」此時，**或許不必勉強用語言傳達，不妨嘗試以「非語言」的方式來表達關心。**

比如說，準備孩子最喜愛的點心，晚餐中加入他喜歡的菜色，或是配合他的節奏放慢生活步調；當孩子因悲傷而沉默時，家中就不要把電視聲音開得太大、不大聲說笑，父母也一起維持安靜的氛圍，靜靜在一旁陪伴。泡澡時，可以為他準備喜歡的入浴劑；睡前，讓棉被比平常更蓬鬆柔軟。這些沒有說出口的行動，其實也能溫柔而穩定地傳遞你的在乎與支持。

當父母露出憂心的神情時，反而會加深孩子的不安。越是這樣的時刻，父母越要穩定，成為一種默默支持的力量，傳遞「一定沒問題」的這份信念，靜靜地看著孩子的眼睛，陪他走過當下的情緒。

同時，也要記得：不要讓孩子來照顧父母的情緒。

不要讓孩子還在悲傷中，卻還得勉強自己說出「我沒事了」來安撫父母。顧慮大人

的心情，只會讓孩子更壓抑自己的情緒，延緩他們的修復與成長。如此一來，原本的「失敗」可能真的只能以失敗告終，失去從中學習的機會。

如果孩子開始出現「不能讓父母傷心」、「我要考慮父母的情緒」這樣的想法，久而久之就會漸漸把自己的人生，活成為了父母而活的狀態。但孩子的人生，是屬於他們自己的。

好！今天我們要去水族館唷～
好耶！
我們要在九點出門喔！吃完早餐後就要開始準備。
現在是七點
好——
熱鬧
那裡會有鯊魚嗎??
我會打倒鮪魚的!!
你們兩個～趕快吃！
哈哈哈
好——
我現在看不到媽媽囉～
唉…
他們感情好也是好事啦～
我先去準備吧…
嬉笑
嬉笑

怎麼還在玩？
不要馬上就念他們！等一下…
去玩那個吧！
還有那個～
暴怒
悠哉
悠哉
悠哉
哥哥你看～
喔—好厲害唷—
你們兩個！到底還想不想去水族館啦？
媽媽不去水族館囉！
溜走
對不起～
真是的～為什麼老是愛拖拖拉拉！
唉…
要做到耐心等待真的很難對吧～

重子教練…
妳都是從哪冒出來的呀…
為什麼等待會這麼難呢？
咦…？這個嘛…
因為必須要不停地…忍耐嗎？
人都不喜歡忍耐吧！
不如把等待想成是「關注」如何呢？
關注比忍耐順耳多了~
關注啊…
對吧？
因為等待讓人有一種必須要忍耐的感覺，才會覺得不好受，如果把這樣的心情換成關注是不是就輕鬆許多了呢？
喔
有道理欸~

可是就算是換成了關注，等待的時間依舊沒變呀。
唉……
只不過是試著轉換自己的心情而已
這時候只要親子一起動手做，或給予適時協助就可以囉。
可是這麼做，孩子會不會反而不想做，或從此故意不做呢？
而且就算我說要幫忙，孩子也會說他要自己來啊……
嗯～說得也是……
這是因為大人認為的理所當然跟孩子認為的理所當然不一樣嘛～
孩子認為的理所當然？
還有這種東西呀！
咦咦……
當然有啊♡
大人是只要有目的就會馬上做好準備，但對孩子來說這不一定是理所當然的事唷！

對孩子而言，要他們乖乖吃飯、換好衣服做好出門準備的難度非常高呢！
趕快——
我找到之前弄丟的卡牌了耶！
要馬上把一件事做好，以孩子們的年齡來說其實有點難度。
拖拖拉拉…
我的襪子在哪裡呀？
哇
只要接受孩子的日常狀態，
等待就會變得輕鬆很多唷。
父母
日常狀態
孩子
不小心就玩起來也是孩子的正常發展。
是我的——
借我嘛～
真拿他們沒轍——
媽媽，幫我扣扣子。
好的來囉～
啊
這種時候，就陪他一起做吧～
小聲

扣子要這樣扣唷。
嗯～是這樣嗎？
重要的是讓孩子自己動手做，相信孩子做得到，並給予持續的關注。
這樣嗎？
扣子扣錯了啦…
要稱讚孩子做事的過程唷～
扣好了！
父母不過度干涉，可以鍛鍊孩子「自己做得到」的能力唷！
我們出發吧～！
守護並堅信孩子做得到其實很簡單唷♡

「等待」是了不起的「陪伴」與「支持」

想培養孩子成為能獨立完成事情的人，父母的「等待」顯得格外重要。與其急於給出解答、替孩子想好備案，不如選擇靜靜地等，看孩子會如何做抉擇。這件事說來簡單，真正做到其實很困難。

我們之所以覺得「等待」難熬，往往是因為把「等待」視為一種「忍耐」。而「忍耐」這個詞，本身就帶有些許負面意味，因此也讓我們更容易覺得「等待」是不好的、應該要被省略。

關於這份「忍耐」，我們會在第四章再詳細說明。不過，在孩子嘗試做某件事時，我們也希望能將「等待」的心情，從負面的情緒轉化為正向的思維。

我想傳達的是，與其認為自己是在「等待」，不如轉個念，改為「陪伴守候」。**「守候」不同於「忍耐」，它是一種帶著期盼去等待的心情——相信等待的背後，會迎來更好的發展。這是一種相信孩子終究能做到的信念。**

怎麼樣？是否感覺有些不同了？「等待」這件事，不再那麼令人難以忍受了吧？

不過……沒錯，我聽見許多媽媽的聲音了。是啊，就算是在陪伴守候的過程中，也

難免有孩子始終做不到的時候。這種時候，你可能會想：「難道只能一直等嗎？」當然不是這樣的，如果你發現孩子即使在陪伴守候下也做不到，那就可以出手幫忙了。有些事情，大人覺得輕而易舉，但對孩子來說，可能有一道很高的門檻。

不過，這並不代表要「代替孩子完成」。我們可以「一起做」、「示範給他看」，或者「協助他做到一半，剩下的再讓他自己完成」等，透過這樣的方式伸出援手、給予支持。

如果即使等待了很長時間，孩子仍然沒有按照預期做出反應，或者沒有依照要求行動。這時候如果大聲斥責「快點！」「為什麼做不到我說的？」，對孩子來說反而適得其反。遇到這樣的情況，家長首先需要做的是「語氣調整」和「心態轉換」。

大人有大人的「理所當然」，孩子也有孩子的「理所當然」。在與孩子相處時，必須要先拋棄固有成見，以「大人和孩子的理所當然是不同的」為前提來思考和面對。

「如果是我自己，這種事情很快就做到了，但或許對這個年齡的孩子來說，確實還是有點難。」

與其只是「等待」，不如習慣「守候」並「接受孩子的理所當然」。為了養成這樣的習慣，可以把這些話寫在紙條上或寫在筆記本上，每天查看，訓練自我。

在這一章中，我們以「成為不過度干涉的父母」為主題，分享了提高孩子執行功能、幫助孩子養成自理習慣的技巧；同時，也強調了不要刻意避免孩子面對失敗，因為正是在失敗中，孩子才能獲得更多的經驗與成長。

在練習「放手」的親子距離中，孩子會穩步獲得各種「我能做到的事情」，並且從中建立起堅定的自信。

父母的「過度干涉」，實際上是在剝奪孩子的學習機會。「不過度干涉」則是給予孩子訓練「自己能做得到」的機會。

CHANGE

孩子做不到，父母幫忙做

↓

不是孩子做不到，
只是父母不願放手讓他做！

MESSAGE

要忍耐，不要凡事都想幫孩子代勞。
不要剝奪孩子「自己做得到」的權利。

等待，就是陪伴守候孩子。這是支持孩子從無法獨立到能夠獨當一面處理事物的過程。孩子的「執行功能」，會在「知道做法」和「培養習慣」的基礎上大幅提升。家長應該適時將自己平常在做的事情，逐步轉交給孩子，這不僅能有效提升孩子的自我效能感，對孩子的執行功能也至關重要。

至此，我們已在重視自我與他人的基礎上，逐步營造出一個能讓孩子主動行動、並培養「自己做得到」這份能力的環境。

第四章將聚焦於那些正準備開始行動的孩子，探討如何培養他們作為社會一分子所需的責任感，以及「能夠妥善自我管理」的決策與執行能力。

自我管理的核心關鍵，在於「自制力」。談到自制力，許多人可能會直接解讀為「忍耐的能力」。但實際上，它指涉的是一種更正向、積極的內在力量。

自制力並非單純的「忍耐」，而是「能充分評估後果再採取行動」的能力。我們希望能夠透過培養這項能力，讓孩子自在又有效地實踐自我管理。

CHAPTER

4

成為不壓抑孩子的父母

藉由「訂立規則」，
協助孩子「養成自我管理的習慣」

本章中，父母該展現給孩子看的榜樣

- 理解並實踐「自我管理能力」，以及明白它為何重要
- 清楚分辨「必要」與「不必要」的管教
- 學會接納自己的情緒，並適當表達出來

在這章要改變的觀念？

所謂「忍耐」，只是「不情願」或「痛苦」的感受

↓

真正的忍耐，
是為了看見「未來的好結果」，
而選擇現在採取行動

在這章要學習的行為？

打造能提升孩子自制力的具體環境

- 和孩子一同制定並遵守能幫助孩子發展的「規則」
- 引導孩子學會「接納並控制自己的情緒」

自制力是「洞察未來的能力」

要教孩子學會忍耐，真的好難喔！
開始
今天送他去上學時我也跟他說了好多次「記得要忍耐」。
說實話，我都好想幫孩子做點什麼呦。
唉…
我懂…
可是學會忍耐很重要呢！
送完孩子上學後站著閒聊～
這也都是為了孩子好啊…
嗯～
哎呀
大家在聊自制力呢
大家好♡
好可愛♡
教練！
自制力？
這是我的愛犬亞斯本♡
可以自我控制行為和情緒的能力，是孩子成長過程中必須學會的非認知能力之一。

一九六〇年代，史丹佛大學的心理學家進行了一項有名的棉花糖實驗
大家可以參考看看
實驗者（大人）在四歲孩子面前準備一顆棉花糖，然後告訴孩子，
在我回到房間之前，假如你忍住沒把棉花糖吃掉，我就會再給你一顆。
然後，大人就離開房間過五分鐘後再次回來。
在這項實驗的一百八十六名孩子中約有三分之一的孩子成功忍耐五分鐘，拿到了第二顆棉花糖。
剩下三分之二的孩子則沒有忍住，把棉花糖給吃掉了。

小孩一定會吃掉的啦！
我們家小孩現在也四歲，他一定會吃掉！
能夠忍住不吃的孩子，真的好了不起喔！
真的～
為什麼各位會覺得了不起呢？
咦？
理由
因為很想吃但忍住沒吃嗎？
因為孩子懂得克制自己？
還是因為孩子會聽大人的話呢？
嗯
嗯
嗯
嗯
嗯

與其說因為孩子有忍住所以很了不起，
不如說是因為孩子「竟然能耐得住性子洞察未來的發展」這一點非常了不起！
洞察未來的……能力?!
什麼?!
!?
我從來沒有用這種角度思考過耶！
騷動
騷動
騷動
雖然吃了一顆棉花糖當下很開心，但只要再等待五分鐘就能拿到第二顆棉花糖。
因為等待就會有好事發生，才會選擇等待呀。
比起只是悲壯的「忍耐」，不如說是懷抱期待跟展望的心情。
他們是自願等待的呀！

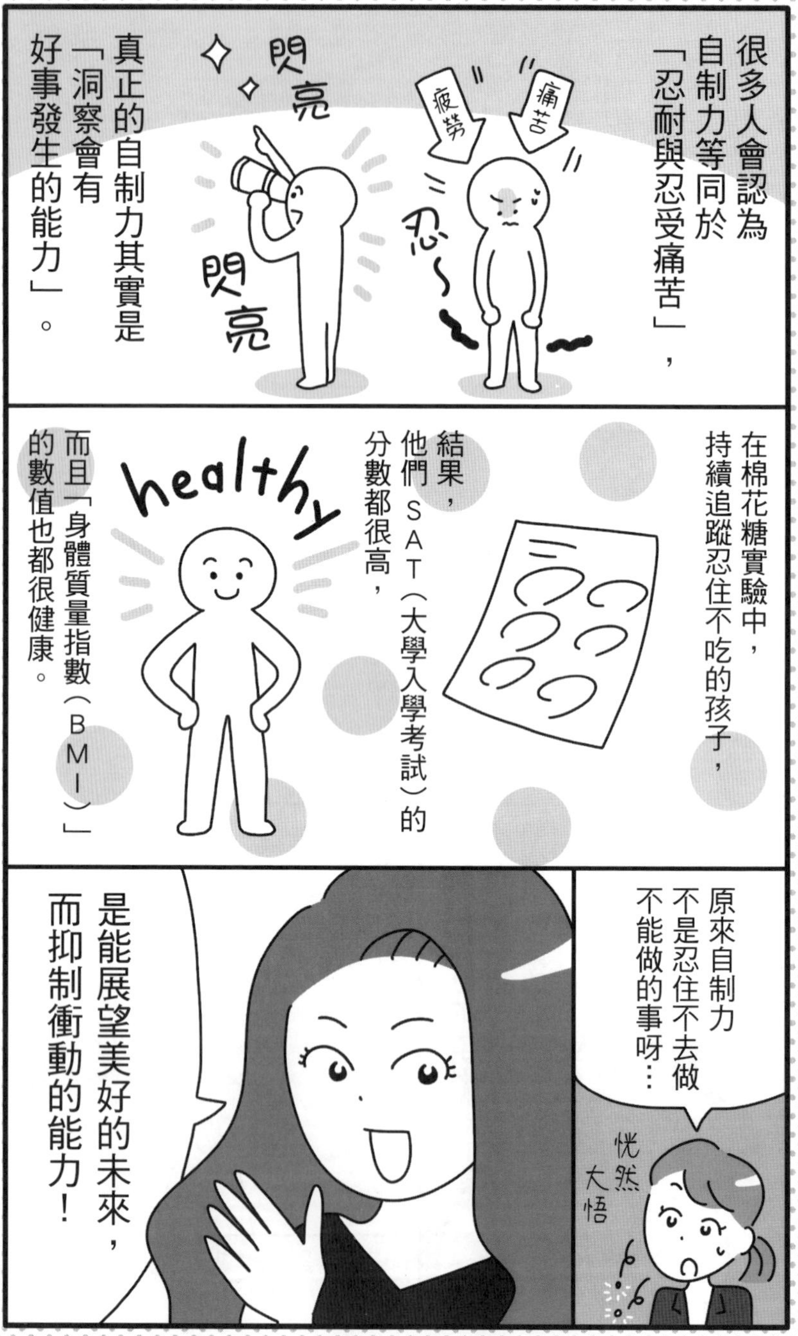
很多人會認為自制力等同於「忍耐與忍受痛苦」，
痛苦
疲勞
忍～
閃亮
閃亮
真正的自制力其實是「洞察會有好事發生的能力」。
在棉花糖實驗中，持續追蹤忍住不吃的孩子，
結果，他們SAT（大學入學考試）的分數都很高，
healthy
而且「身體質量指數（BMI）」的數值也都很健康。
原來自制力不是忍住不去做不能做的事呀…
恍然大悟
是能展望美好的未來，而抑制衝動的能力！

所以並不是透過忍耐
來學會自制力，
必須先抱持著
「愉快」的心情
會比較有效果喔！
但該怎麼做
才能愉快地
學習自制力呢？
嗯～
嗯～
好像還是很難欸。
我有個好方法
可以讓一直嚷嚷著
「我不要！」
的孩子
轉變成
自動自發的
孩子喔～
什麼方法?!
快教我們～!!
狂奔!!!
狂奔!!!

透過自制力培養「自我管理能力」

先做完不想做的作業，就能換取後面更自由的時間；即使感到抗拒，也每天堅持念書，最終順利考上理想學校；戒掉零食、持續運動，成功維持理想體態……「自制力」即使在長大成人之後，也依然深刻影響生活的各個層面，是實現目標的重要關鍵。

我們常把自制力理解為「忍耐」，是必須咬牙撐過痛苦的事。但其實，**自制力的本質是：「因為看見未來的美好藍圖，願意持續朝著那個方向前進；即使途中需要取捨，也願意做出選擇」。**真正擁有自制力的人，會因為清楚知道未來的成果對自己具備什麼意義與價值，所以願意克服當下的困難。

此外，**自制力也與「該做就做」的切換能力密切相關。**

像是電動時間結束後，孩子若能順利轉換心態，投入下一個該完成的任務，就展現了這種切換能力。在棉花糖實驗的觀察中，那些能夠等待的孩子，會透過轉移注意力、閉上眼睛，或刻意思考其他事情來幫助自己等待——也就是說，他們懂得如何調整思緒，

進而邁向目標。如果能在應該行動時果斷行動，最終取得成果也是很自然的事。

在人際互動中，自制力同樣發揮著重要作用。

所謂「為他人著想」，往往也意味著控制自己的衝動與壓抑一時的情緒。腦神經科學研究指出，當一個人展現自制力時，負責共感與同理心的大腦區域也會被一同啟動。

自制力是自我管理能力的核心。我們希望孩子培養這項能力，但不是靠「痛苦忍耐」，而是透過愉快、正向的方式逐步建立。

畢竟，如果全靠「忍耐」，總有一天會撐不下去；但如果是快樂的事情，人們就會願意發自內心長期堅持。因此，關鍵在於打造「不壓抑」的環境。為了讓孩子在愉快中學會自制，我們將善用三大利器：「教養」、「規則」、「情緒管理」。

你可能會想：「聽起來一點也不好玩啊！」

別擔心，這正是我們想帶來的全新改變——這種「不命令」的教養方式，與以往截然不同，是嶄新的「心態轉換」。

- 「教養要嚴格」轉變為「教養也要懂得放過自己」
- 「規則要強制執行」改為「規則可以一起制定」
- 「情緒要壓抑」變成「情緒可以適度釋放」

接下來，將為你一一解說。

「睜一隻眼，閉一隻眼」是家長的必備技能

所謂教養，是指父母對孩子的約束與指導。

我認為，只有在以下兩種情況下，才真正需要介入管教：

①當孩子的生命或健康可能受到威脅時

②當孩子即將違反社會規範時

除此之外，父母都可以選擇適時放手，不必過度介入。

為什麼這麼說呢？因為若凡事都要由父母干涉、要求孩子照著做，最終只會演變成一種過度的「教養」——反而會適得其反，讓孩子無法培養出自我管理的能力。

不是要孩子不情願地勉強遵守，而是讓他明白「遵守這件事，對自己是有好處的」，

因此願意主動去做。如果能做到這樣，那麼即使是「父母制定的規則」，也能轉化為幫助孩子培養自我管理能力的好機會。

父母必須出面管教的情況，舉例來說可能有下列時刻：

- 小小孩想玩火或熱水時
- 不遵守回家時間，天黑了還沒回來時
- 過馬路時沒看車子就直接衝出去
- 在圖書館裡大聲喧嘩時
- 動手打朋友時
- 因為憤怒而破壞東西時

也就是說，「當孩子的生命與健康正面臨危險」或「當孩子即將違反社會規範」這兩種情況。除此之外，大多數的管教，其實多半是「非必要的」。

「快把房間收乾淨！」是必要的管教嗎？

也許你會想：「咦，管教怎麼會有『沒必要』的呢？」

這樣的疑問，我也聽過不少。沒錯，其實有很多管教是多餘的。

你是否也曾在以下情況責備過孩子呢？

● 孩子的房間亂七八糟

● 衣櫥裡一團亂，沒有整理好

● 吃晚餐時，把不喜歡的紅蘿蔔挑掉

● 應該要睡覺了，卻還在看電視

● 放學回家後，不先完成功課，反而躺在房間裡發懶

● 只要父母不提醒，就不會主動把重要講義和學校通知單從書包拿出來

● 脫下來的衣服不會放進洗衣籃裡

這些是必要的管教嗎？是攸關孩子生命與健康的事嗎？還是會成為孩子日後出社會

的阻礙？或者我們也可以想想，只有責罵或強迫孩子「一定要做」才算是管教嗎？

身為父母，我們很容易以「管教」的名義，情緒失控地大吼、用恐懼逼迫孩子停止某些行為，這或許短時間內能夠奏效，讓孩子因為恐懼而中斷動作。

但是，孩子能藉由這樣的「管教」，學會掌控自己的情緒與行為嗎？多半來看，他們只是為了不惹麻煩，暫時不做而已，不會因此建立自我管理的能力。

本章將介紹如何把「管教」與「自我管理」結合起來。但其實，比管教更有效的是，**讓孩子學會自己訂立並遵守規則，也就是「自律」。**

「制定規則」比「遵守規則」更能讓孩子成長

你認為，**為什麼「和孩子一起訂定家庭規則」這件事如此重要？**

不是由父母單方面決定，而是親子共同討論出來的規則，對孩子而言，這樣才會真正成為「自己的事」。當孩子在遵守這些規則的過程中，能夠累積成功經驗，也會從中獲得自信與成就感。

提到「成就感」，你可能會認為必須得到重大的成果才會有成就感，但其實，比起「成就有多大」，更關鍵的是「累積的次數」。也就是說，日常裡「今天也有好好遵守規則呢」這樣的小小堅持，正是培養孩子自我效能感與自我肯定感的基礎。而且，孩子也會因為想再次體驗這份成功，而更願意重複這些正向行動。

養成良好習慣的關鍵在於——沒有任何一件事是「理所當然」的。

當孩子確實遵守規則時，請務必具體稱讚他的行動，例如：**「謝謝你幫忙做到這件事」、「你今天做的那件事真的很棒喔」**等等。當孩子感受到自己的行為具有價值、被看見，就會想要再做一次。如此一來，遵守規則的「好行為」也將逐漸內化為習慣。

「家庭規則」可以讓爸媽更有餘裕

父母也是人，難免會有猶豫和不確定的時候。提前訂好規則，也可以避免自己因為當下的「心情」而出現不同的立場。

父母如果不堅定，孩子也會跟著動搖。因此，這種時候全家一起訂立的「規則」就很重要。你可以對孩子說：「不是媽媽說要做，這是我們一起決定的規則喔。」

隨著孩子成長，他們逐漸會參與更多不同的群體。從小在「家庭」這個最小的群體中學習遵守規則，也能讓他們練習成為**「對群體有幫助的一員」。**

「適度發洩情緒」也是必要技能

談到情緒，大家常會想到「壓抑」或「控制」，但其實，**我們需要把對情緒控制的觀念從「壓抑」轉變為「發洩」。**「壓抑」需要忍耐，往往讓人感覺辛苦；而「發洩」則讓人輕鬆愉快、心情舒暢。

壓抑的情緒遲早會爆發，或者積累到讓心靈受傷。「忍耐」並不是最好的方法。當然，「發洩」不代表情緒大爆發（雖然偶爾這樣也可以）。關鍵在於，**每當感覺到悲傷、生氣、焦躁或想哭時，能夠清楚察覺並適當表達出來，坦率說出「我現在感受到……」這樣的心情。**

透過這樣的方式，父母和孩子都能在不壓抑自己的前提下，快樂地培養自制力。

等一下要吃飯了，電動先收起來囉～
有在聽嗎
叮咚 叮咚
嗯～
我不是叫你收起來了嗎？
飯煮好囉
叮咚 叮咚
嗯。
叮咚 叮咚
電動到底要打到什麼時候才甘願?!
功課寫完了沒？
大怒
接下來一個星期不准打電動！
就是這樣…
昨天才發生呢，唉～
我懂！我懂！
我們家的也差不多…
要孩子不打電動真的好難喔
跟我們以前時代不一樣了～
還有 YouTube 也是呢
就是說啊

就算一直跟他說「不行」！孩子也講不聽呀～
還是擋不住想打電動的誘惑呢。
因為還只是孩子嘛～
真傷腦筋～
別小看孩子了
小聲說
重子教練！
就算是大人被規定「不行」，也會有講不聽的時候吧？
呃…也是啦
只要好好向孩子解釋，他們一定會明白喔！

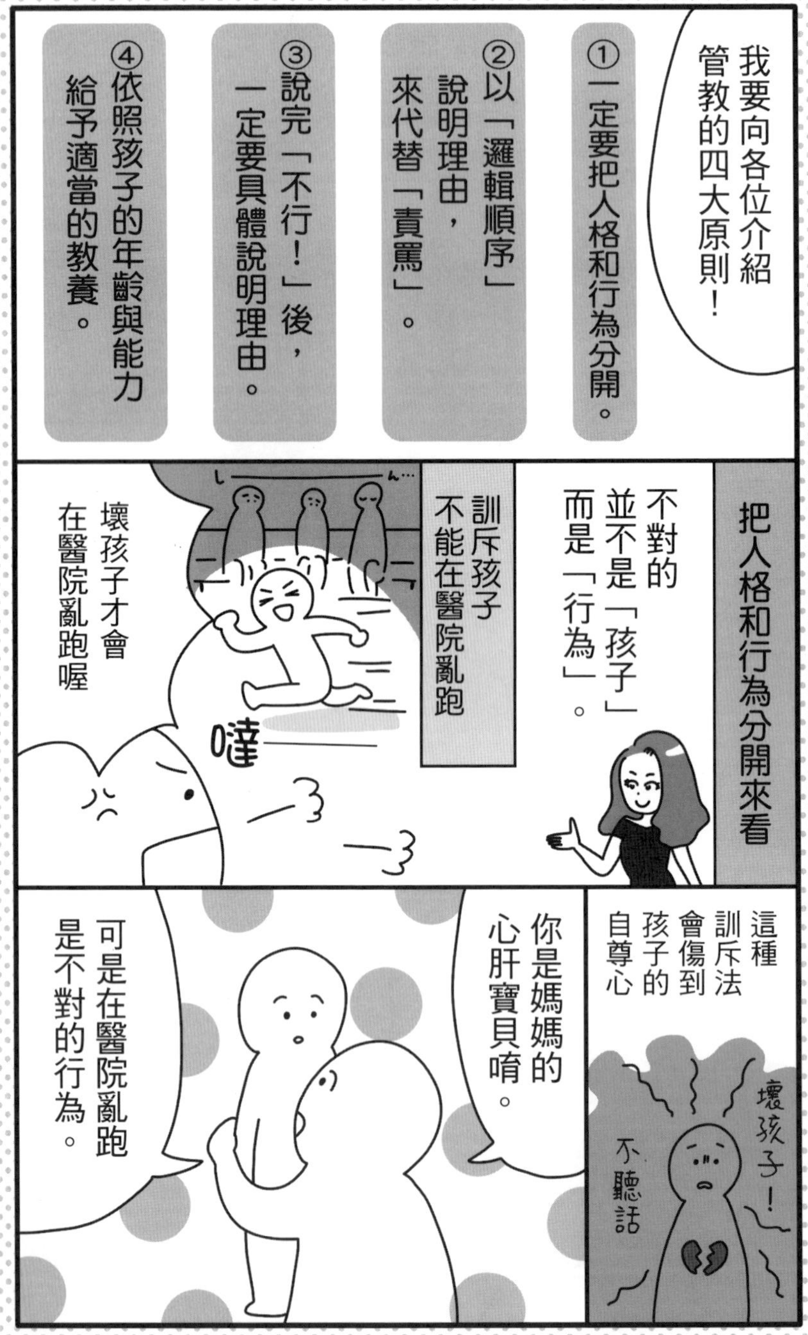
我要向各位介紹管教的四大原則！
①一定要把人格和行為分開。
②以「邏輯順序」說明理由，來代替「責罵」。
③說完「不行！」後，一定要具體說明理由。
④依照孩子的年齡與能力給予適當的教養。
把人格和行為分開來看
不對的並不是「孩子」而是「行為」。
訓斥孩子不能在醫院亂跑
し——ん…
壞孩子才會在醫院亂跑喔
噠
這種訓斥法會傷到孩子的自尊心
壞孩子！
不聽話
你是媽媽的心肝寶貝唷。
可是在醫院亂跑是不對的行為。

不責罵，而是幫孩子理解行為的因果關係
不要不分青紅皂白就先開罵~
好可怕呦…
孩子會因為只是害怕「被責罵」而暫時控制住當下行為。
童子筆記
Logical（邏輯）Sequence（順序）：「種什麼因（理論上），得什麼果」。
如果要有效阻止孩子做不對的行為，就必須向孩子說明「為什麼不能這麼做」。
訓斥孩子不能在樓梯上玩
不行！很危險！
為什麼不行？為什麼會很危險呢？
因為你如果從樓梯上摔下來會很痛，說不定還會骨折呢。如果你受傷了，媽媽會非常難過！
好好解釋的話，孩子都能理解。
好厲害——
原來如此呀

說完「不行！」後一定要說明具體理由
忍不住跟孩子說「不行！」後，一定要再向孩子解釋原因。
突然向孩子說「不行」，大部分都是急需管教的時候。
訓斥孩子不要亂丟玩具
不行！
亂扔～
萬一打到其他小朋友害別人受傷了那該怎麼辦呢？
呃…
他會痛，會哭。
這麼做不對
只要合乎邏輯，就可以讓孩子自行思考，孩子便能判斷自己的行為「對不對」。
只要反覆向孩子說明，孩子一定會明白的

教養要符合孩子的年齡和能力
其實在孩子兩歲半以前，訓斥孩子都是沒有意義的。
因為孩子還沒有辦法控制自己。
咦？
因為他跟哥哥一起調皮搗蛋，我就忍不住一起罵了…
是這樣的…嗎？
把剛才提到的四大原則套用在打電動的例子來說明吧。
電動如果玩太久，視力就會變差唷。
這樣就沒辦法寫作業了，萬一明天沒辦法準時交作業那該怎麼辦？
…會很傷腦筋欸。
這是培養孩子對電視和電動擁有控制力的大好機會呦
親子之間就多多溝通吧♡

和孩子一起制定時間規則

許多媽媽問我：該如何規範孩子看電視或打電動的時間？

我個人認為，只要孩子有先完成作業和該做的事情，看電視或打電動也沒什麼不好。但如果出現「功課放著不管，一路玩到睡前，好幾個小時緊盯著螢幕不放」的情況，的確不是我們所樂見的。

不過，若只是單方面禁止，電視和遊戲就會變成「禁果」——越說不行就越想要。有些孩子確實會因為玩遊戲太入迷，而難以遵守約定。這是許多家長感到頭痛的問題，但反過來說，如何與電動、平板相處，也是一個培養「自制力」的絕佳機會。

這個時代的孩子與我們不同，從小就接觸電動、手機和平板。還記得我剛剛提過的「需要管教的兩種情況」嗎？

其中一種，就是「當孩子面臨生命或健康的威脅時」。沒錯，對孩子來說，充足的睡眠是維持健康的基本條件。所以，我們有必要從睡眠時間往前推算，考量寫作業、上課、吃飯等基本作息時間，再來決定遊戲時間的長短。

重點在於，這些規則不是由父母單方面決定，而是要和孩子共同討論後，傾聽他們的想法與主張，再一起訂出雙方都能接受的時間安排。

舉例來說，當我們要訂定門禁時間時，孩子可能會說：「我的同學都是晚上六點回家，所以我也要六點！」

這時，我們可以和孩子一起思考：每個人的情況不同，有些孩子住得比較遠，有些人回家的路很暗，太晚回家可能不太安全。在探討完這些原因後，再和孩子討論出一個彼此都能接受的折衷時間，比如：「那我們約在五點五十分，好嗎？」

如果規則只由父母單方面強加，孩子可能會覺得是「為了不被罵才勉強遵守」，這樣他們的焦點只會放在「怎麼做才不會被罵」，而不是真正理解規則背後的意義。

我們希望孩子理解：**遵守規則不僅是保護自己的安全，也是維護家庭功能的一部分**。當孩子認識到規則和自己息息相關，這些規則才會真正內化，成為他們培養自制力與社會責任的準則。

所以，規則的基本原則是要「一起制定」。

給沉迷電動的孩子的「間歇訓練」

對於那些「即使規定好時間，電動還是停不下來」的孩子，我會建議嘗試一種來自教練式引導的方法——**「間歇訓練」**。

簡單來說，這是一種幫助孩子「告別拖拖拉拉」的訓練方式。像是：現在是做〇〇的時間，接著是△△的時間，再來又輪到〇〇的時間……用短時間交錯不同的活動，來訓練孩子的專注力與自制力。

這樣的「間歇時間」可以是一小時，也可以三十分鐘為一個循環。如果是低年級的小學生，大約每次設定十五分鐘會比較合適。

可以這樣跟孩子制定規則：「我們先玩十五分鐘遊戲，接著寫十五分鐘作業，再玩十五分鐘遊戲，反覆交替遊戲→作業→遊戲→作業，每次控制在十五分鐘內。」

這樣重複進行，孩子就能夠逐漸學會「展望未來」：他們會知道即便現在不能玩遊戲，只要花十五分鐘寫作業，之後就可以繼續玩。這樣的期待感與「完成之後會有好事」的小確幸，會讓人自然而然產生動力。

間歇訓練不只是為了切割時間，也可以把每個任務或遊戲階段作為一種切換方式。

還有一點，雖然很多家長會在孩子一下課就規定：「先寫完作業再玩！」，但我個人不會這麼硬性要求。

試想，如果我們下班後，馬上被要求「立刻做家事！」，會不會想先休息幾分鐘呢？孩子在學校已經努力了一整天，回家時也值得放鬆一下。你可以說：「**先休息十五分鐘，然後我們再開始做作業。**」這樣的安排配合間歇訓練，不僅更有彈性，也更溫和有效。

「管教孩子」的關鍵原則

管教孩子的原則，分為三大重點。

首先是，①區分「人格」與「行為」。

要讓孩子明白：有問題的不是「你這個人」，而是「你做的行為」。

舉個例子，與其告訴孩子：「媽媽不是說過，不可以在醫院奔跑嗎？你幹嘛還跑，真是個壞孩子！」不如改成說：「你是媽媽的寶貝，但在醫院奔跑是不對的行為。」

再來，也要留意不傷害孩子的尊嚴，避免當眾批評孩子。

孩子即使做錯，也不應該在大家面前被羞辱。當眾被責備容易激起「羞恥感」或「委屈感」，這對自尊心是很大的傷害。

建議找一個私密空間、保持理性，用邏輯向孩子解釋。我通常會把孩子帶到只有我們兩人的安靜地方，然後用孩子可以理解的、具說服力的邏輯，告訴他為什麼這件事這麼重要，而盡量避免大聲或情緒化地怒吼。

以「怒吼」遏止行為並沒有用

管教孩子的第二個重點是：②用邏輯順序來說明理由。

光靠責罵來制止孩子的言行，效果其實並不持久。

因為這樣的做法，是以「怕被罵的恐懼感」來控制孩子。

如果你想讓孩子發自內心認為某個行為不恰當，需要做的是：用邏輯說明為什麼這樣做不行。人只有在「理解並認同」後，才能夠真正停止某個行為。

管教的原則不能建立在「情緒」上，而是要以「如果這樣，那就會那樣」的因果邏輯來溝通——也就是所謂的「邏輯順序（Logical Sequence）」。

與其強調「不可以在樓梯上玩」，不如仔細解釋：「為什麼不可以在樓梯上玩」。

例如：「從樓梯上跌下來會很痛，甚至有可能會摔斷骨頭。你也不希望自己受傷吧？」

再舉一個例子。當你想告訴孩子「不可以在走廊上奔跑」時，比起直接開罵：「不能跑！」，不妨試著以邏輯順序來進行這樣的說明方式：

(1)引導孩子思考：如果那樣做，可能會發生什麼事？

媽媽：「你覺得在那裡跑的話，會怎麼樣呢？」

孩子：「可能會跌倒受傷。」

孩子：「如果有別的小朋友在，可能會撞到他們。」

孩子：「可能會撞到頭，害別人受傷。」

(2)如果真的發生，應該怎麼處理？一起討論對應的方法。

媽媽：「那如果小朋友真的受傷了，我們應該怎麼辦呢？」

孩子：「不管是誰受傷，都要去保健室。」

孩子：「還要跟小朋友道歉。」

如果孩子能夠自己按照邏輯思考，他就能自行決定是否該做那個行為。

其實大人也一樣，如果沒頭沒尾突然被喝止：「不准這樣！」，一定也會嚇一跳，並且納悶為什麼不行吧。甚至還會因此生氣，覺得自己被輕視了，感覺不被重視，自我肯定感也會連帶地降低。

相反地，若能好好說明理由，孩子就能充分理解行為背後可能帶來的危險或影響，

也能更進一步感受到「爸媽是因為愛我才制止我」。

即使當下脫口而出「不行！」，也可以在事後詳細向孩子說明清楚，給他們合乎邏輯的理由。這件事相當重要，因為通常你會忍不住說出「不行！」的情況，多半是急需導正的嚴重問題。

接下來，管教的第三個原則是：③根據孩子的年齡與能力調整。

如果要求孩子做到以他現在的能力根本做不到的事情，這樣的管教並沒有意義。舉例來說，期待不到兩歲半的孩子能「整理房間」，就是種不切實際的要求。父母對孩子的標準，應該根據孩子的年齡與發展階段，做出相對應的調整。

先煮完飯、吃飽後，
再去放熱水，
趁這時候去洗碗、
收衣服摺衣服，
再準備
明天要用的東西…
滋～
媽媽，妳
過來一下
磨磨磨
等我一下喔。
嘟～
媽媽
在煮飯呦
跟我一起
畫畫嘛～
咦～
啊！
忘記放
胡椒了！
滋——
媽媽
妳過來嘛——！
這個蓋子
我打不開，
媽媽幫我開。
媽媽？
我想用
這枝筆畫畫～
我口渴了
幫我拿杯子。
媽媽，
媽媽，
媽媽——
媽媽——
碎碎念

媽媽——
理智斷線！
我不是叫你等一下嗎?!
失落…
好啦…
對不起嘛…
…媽媽妳還沒好嗎？
一起畫畫嘛
還——沒！
聽我說～
嘩
我的事情還沒做完啦。
探頭
「等一下」具體要等多久呢？
重子教練！

要一邊煮飯一邊做家事，還要照顧孩子，
真的好辛苦喔！
媽媽真的太偉大了～
可是大人是不是也不知道，
「等一下」到底要等多久呢？
有道理欸～
什麼都沒想
忍不住就脫口而出了……
因為孩子還小，忍不住就叫他等一下……
對不起孩子，這不知不覺變成媽媽的口頭禪了！
就算孩子還小，只要大人好好解釋，孩子大多都會理解和接受唷

媽媽的任務還剩多久才會結束呢？
還剩下洗碗跟倒垃圾……
差不多再十分鐘吧。
那就直接向孩子這麼說明吧
媽媽再十分鐘就能把碗盤跟杯子都洗好囉！
這是媽媽一定要完成的任務喔。
我知道了
只要讓孩子知道媽媽有苦衷，孩子都會願意耐心等待。
來畫媽媽吧……
啦啦啦～
啦啦啦～
而且還能培養孩子為對方著想的能力呢！

最重要的是，
嚴肅
務必要做到喔
遵守承諾。
孩子有乖乖聽父母的話等待
還沒好嗎？
再等一下下就好～
但是父母是不是通常都會忘記呢？
啊！
有…
我曾跟孩子約定好要陪他玩撲克牌，但後來因為時間太晚了，我們沒玩撲克牌，就直接洗澡睡覺了！
對不起已經到該睡覺的時間了…
睡吧～
咦
如此一來，會在孩子心中種下「就算乖乖等待也不會有好事發生」的想法。
媽媽都沒有說到做到那我不就白等了嘛
悶悶的
悶悶的
以後就不願意乖乖等待囉
等一下！
不要
拉扯
扯

所以當孩子有乖乖等待請一定要記得這麼說
沒關係
我搞砸了…
謝謝你願意等我
幫了我好大的忙
得到感謝以及「等待」被肯定，
孩子就會記得這是因為幫媽媽而得到的寶貴經驗。
只要等待就會帶來好事！
謝謝你願意等我！
好耶～
我們來畫畫吧
捲袖子～
正面能量可以強化孩子的自制力唷

「等一下喔」，具體來說要等多久？

「媽媽！快過來！」

「媽媽妳看這個～」

「媽媽，妳看我嘛！」

孩子的日常裡，總是充滿了對父母的各種呼喊與需求。有時候，即便是再能幹、再有耐心的家長，也可能會感到快撐不下去、幾近崩潰，甚至忍不住想要大吼。

但在這樣的情況下，如果因為一時情緒而去責罵、怒吼，甚至直接無視孩子，其實很難帶來正面的結果。與其這樣，倒不如**用理性的方式向孩子說明，並溫和地說：「請等我一下。」**

不少父母會認為：「我們家孩子還那麼小，聽不懂吧？」但事實上，孩子的理解能力往往比我們想像得更高，能夠迅速掌握現場的狀況，順利接受大人的說明。

尤其在兩歲半之後，只要搭配簡單的邏輯與理由告訴孩子：「請等一下喔」，就能逐步幫助他們培養出自制力。

舉個例子，假如你正在忙碌時，孩子跑來說：「陪我玩！」，你可以嘗試這樣回應：

①「我必須在十分鐘內做完工作，所以等我一下喔。我再回兩封信就完成了。」

②「等我一下喔。我正在切菜要煮咖哩，等我把這些菜切完放進鍋裡，接下來只要放著讓它慢慢煮就好。等它煮好的時間，我可以陪你玩一會兒。」

③「我正在刷浴室，請等我一下。你也喜歡在乾淨的浴室洗澡對吧？所以我正在用清潔劑刷浴缸，大概再五分鐘，等一下就過去。」

具體來說，希望孩子等多久呢？最好能把「等一下」這種說法，換成「三分鐘」或「五分鐘」這樣明確的時間。即使還不知道確切時間，也可以試著告訴孩子「正在處理什麼事情」，比如說：「我切洋蔥切到一半，等切完這些就好囉！你再稍微等一下。」這樣的說明，能夠讓孩子更具體想像等待的時間，也比較容易理解。

此外，說明為什麼需要他等待的理由，也能讓孩子知道「父母也有自己的任務」，逐漸學會體諒別人的立場。

不要忘記「等一下」之後的事

各位家長們，讓孩子等待之後，請務必要信守承諾。

既然已經向孩子解釋過「要等一下」的理由，身為大人，就要確實履行這個約定。**如果一再爽約，「反正等待也沒用」的想法就會深植孩子的心中，久而久之成為「沒辦法耐心等待的人」。**

因此，在孩子確實耐心等待之後，請真誠地表達出你對他的感謝，讓孩子知道他的配合對你有多重要。

你可以這麼說：

「謝謝你等我！因為你的耐心，我才能把洋蔥全部切完，還順利在時間內完成，真的幫了大忙呢。」

「謝謝你一直靜靜地等我忙完。我已經把工作都做完了。現在可以好好陪你囉，我們一起畫畫吧！」

當這樣的經驗逐漸累積，「等候」就會在孩子心裡留下正面的印象。

「原來等待之後不會被忽略，還會被喜愛，得到好的結果。」

正向的等待體驗不僅能強化孩子的自制力，還能提高他未來做出同樣行為的機會。

與其讓孩子「遵守」規則，不如一起「制定」規則

我訂好了
我們家的家規唷
很棒吧
請從今天
開始遵守
咦～
電視只
能看到
8點
這些…
太突然了！
我辦不到～
放心吧
堅信
每個人
都遵守規則
是很美好的事
很可惜
這樣會造成
反效果唷
探頭！！
重子教練?!
有人從電視
跑出來了?!

為什麼呢
妳不是說制定規則是好事嗎？
因為妳所謂的規則都是父母單方面做出的決定呀。
要親子一起討論才是好方法。
和女兒一起♡
「大家」「共同討論」制定出規則，比一個人單方面決定規則更有意義。
大家一起討論哪些是必要的規定。
○○你覺得怎麼樣？
嗯～這樣好像有點困難耶改成△△怎麼樣？
討論的過程可以有效訓練非認知能力的發展唷。

分享給大家
我們家制定規則的原則♡

基本規則
隨時隨地都要遵守

Do 規則
應該做的事

Don't 規則
不能做的事

我們是基於這三點原則
來制定規則！

基本規則

這是每個家庭成員
都要確實遵守！

不論在何時何地
不論跟誰在一起
都一定要遵守的規定。

一起討論想成為
怎麼樣的家庭，
就必須制定
怎樣的規則。

Respect（尊重）
尊重自己、也尊重他人

Honesty（誠實）
誠實過日子

Initiative（主動）
珍惜自主性，
自己主動做自己能做的事

Community（群體）
要有「身為家庭一分子」的自覺

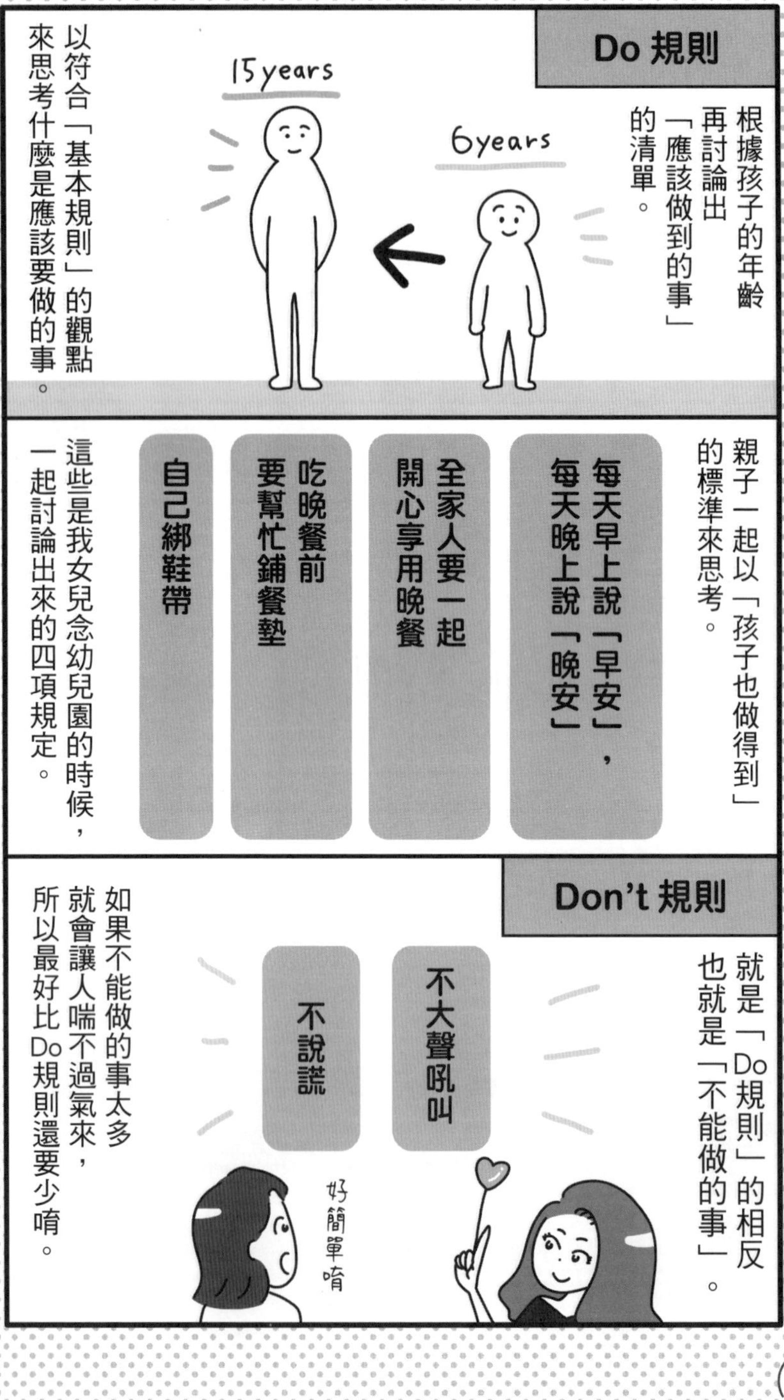
Do 規則
根據孩子的年齡
再討論出
「應該做到的事」
的清單。
15years
6years
以符合「基本規則」的觀點
來思考什麼是應該要做的事。
親子一起以「孩子也做得到」
的標準來思考。
每天早上說「早安」，
每天晚上說「晚安」
全家人要一起
開心享用晚餐
吃晚餐前
要幫忙鋪餐墊
自己綁鞋帶
這些是我女兒念幼兒園的時候，
一起討論出來的四項規定。
Don’t 規則
就是「Do規則」的相反
也就是「不能做的事」。
不大聲吼叫
不說謊
好簡單唷
如果不能做的事太多
就會讓人喘不過氣來，
所以最好比Do規則還要少唷。

規則愈簡單明確
愈容易遵守喔！
一開始
每個規定
最多五項就好
而且數量
愈少愈好。
如果覺得很痛苦，
真的辦不到的話
可以不遵守嗎？
這個
時候呢
就要事先決定好
什麼情況屬於
例外。
如果單憑當下的心情
再決定要不要遵守，
就失去規定的意義了
喔——
我知道了
家人共同思考的規定
意義是獨一無二的
要來決定
什麼事情呢？
嗯…
親子一同遵守
「自己訂下的規則」
才更有意義。
退回

一起訂立「我們家的規則」

一聽到「規則」這個詞，很多人第一時間可能會聯想到「必須遵守的規定」，但我說的「規則」，是指「孩子也能參與制定的家庭共識」。對我來說，**規則的意義不只是要「遵守」，更重要的是讓孩子一起思考，並參與規則的制定過程。**

在討論哪些規則比較適合的過程中，不僅能提升孩子的自我肯定感與自主性，還能培養共感力、合作力及社會性等非認知能力。

而當全家一起努力遵守這些規則時，也能自然促進親子雙方的自制力和其他自我管理能力，有助於進一步提升非認知能力。

建立規則的關鍵，在於「簡單明確」——要讓人清楚知道：「為了什麼、該怎麼做」，真正理解並認同這個規則的意義，才有制定的價值。

因此，規則的數量不建議太多，並且要明確設定「該怎麼做」的具體形式。

在家庭中，規則可以大致分為三種類型：

基本規則（不分時間地點，都必須遵守）

Do規則（該做的事情）
Don't規則（不該做的事情）

這是我們家目前共同制定並實行的三種分類方式。

所謂「基本規則」，是構成家庭樣貌最根本的規則。不論何時、身在何處、和誰在一起，都應該要確實遵守。

我們一家人會先討論：「我們要成為怎樣的家庭，才能真正感到幸福？」在這樣的討論中，思考出必要的規則。我們將「對家庭來說真正重要的事」聚焦在以下四個項目，並將這些作為最核心的基本準則：

- Respect（尊重自己與他人的存在）
- Honesty（誠實生活）
- Initiative（重視自主性，自己能做的事情主動去做）
- Community（擁有作為「家庭成員之一」的責任意識）

當規則太多時，反而容易讓「對家庭真正重要的事」變得模糊，甚至逐漸被忽略。因此，建議將基本規則的數量控制在三到四項。

這些基本規則，就是無論孩子幾歲，都不會改變的「家庭核心價值」。可以邀請孩子一起參加家庭會議，讓全家人一起思考、共同擬定這些原則。

「該做的事」不要超過五項

「Do 規則」是依據孩子年齡量身擬定的「應做事項」清單。它是建立在前述「基本規則」的基礎上，從「為了遵守基本規則應該做什麼」的角度來思考。

如果這些規則太過細碎或數量過多，容易讓家人感到厭煩或難以遵守。因此，**即使隨著孩子成長加入新的規則，也要控制在五項以內。**規則的設立要以「孩子能做到的事」為標準，請依照孩子的理解能力，與孩子一起討論並制定。

我們家在女兒還在上幼稚園時，就訂立了以下四項規則：

● 每天早上說「早安」，每天晚上說「晚安」

- 全家人要一起開心享用晚餐
- 吃晚餐前要幫忙鋪餐墊
- 自己綁鞋帶

隨著女兒進入小學，先前那四項規則已經成為習慣，不需要再特別立規則提醒。因此，我們根據她的年齡，再次一起制定新的規則：

- 飯前負責擺好全家人的餐具
- 自己準備學校用品
- 星期天為全家人準備早餐

我女兒在小學時，已經能幫我們準備沙拉或水果盤等不需開伙的早餐。她用心準備的早餐，至今仍是全家人的珍貴回憶。即便她現在已經出社會，回家時依然會幫忙準備星期天的早餐。

到了女兒升上國中後，又增加了兩條規則：

- 芭蕾舞鞋須自己修補
- 晚上十點半後「媽媽」就下班了。有事找媽媽必須在這個時間以前

「不該做的事」越少越好

「Don't規則」是「Do規則」的相反，也就是「不可以做的事情」。**這種禁令的規則建議比「該做的事」少，效果會比較好。不宜超過三項。**這對大人來說也是一樣的，禁止的事項太多，很容易讓人感到窒息、壓力過大。我們家訂定了兩項無論何時都不可以做的事情：

- 不可以大聲吼叫
- 不可以說謊

這兩項規則，與我們「基本規則」中「尊重自己與他人的存在」和「誠實生活」相互呼應。為了落實這些基本原則，這兩條「不該做的事」必不可少。

當然，以上都只是我們家的範例。根據孩子的年齡、家長的職業、工作方式和生活型態，每個家庭的情況都會有所不同。

經過全家共同討論後制定出來的規則，才是真正屬於這個家庭、獨一無二且珍貴的規則。

規則很重要，「例外」也很重要

無論什麼樣的規則，總是難免有「例外」的時候，比如說：生病時無法幫全家人做早餐。如果一天到晚都是例外，規則的重要性與意義就會被削弱，良好習慣也難以養成。但適度的寬容仍然是必要的。

理想的狀況，是事先明確制定「哪些情況屬於例外」及「無法遵守時如何應對」。若總是拿例外當擋箭牌或依當下心情決定，孩子自然不會看重規則，最後就是形同虛設。

在本書開頭，我曾提到「民主型家長」所展現出的，是在寬容與嚴厲之間取得的平衡。這樣的平衡，也同樣適用在「規則的遵守」上。

我們必須以「遵守規則」為前提（這是嚴厲），當孩子做到時，要給予正面的回應與肯定（這是寬容）；當孩子沒做到，也不要劈頭責罵，而是先耐心傾聽原因（這是寬容）。接著再一起討論：「下一次該怎麼做，才能遵守規則？」（這是嚴厲），並在心中期許孩子下次能做到（這同樣是嚴厲）。

為什麼不能「看心情買東西」？

媽媽——拜託~啦~
媽媽——
媽媽——!!
吵死了
蹴~
好啦，我知道了⋯只能買一個喔
唉
好耶！
唉⋯今天又買給他了
喀嚓
被打敗
好累喔⋯
啦啦啦
啦啦啦
歡迎回來♡
怕孩子吵鬧只好買零食給他了吧

教練…!!
嚇我一跳欸…
進來吧♡
為了平衡生活開銷，金錢的使用很重要。
正因為金錢是有限的，才想要教導孩子珍惜的觀念對吧？
所以如果因為怕孩子吵鬧，就買東西給他這是不對的行為喔。
糾正
我就知道！
我也知道這樣做不對～
很容易就會受當下的情況影響自己的決定對吧。
猛點頭
點頭如搗蒜～
光帶孩子出門買東西就已經夠累了…
他還這樣大吵大鬧，只好買東西給他讓他安靜囉
精神衰弱

我非常能體會妳的心情。
可是如果因為這樣就買給他，只會讓孩子覺得「會吵的小孩有糖吃」。
會產生惡性循環
天哪…
向孩子說明不買的理由，並且不製造例外，這點也很重要。
只要多堅持幾次，孩子就會覺得這是理所當然的。
原來如此啊
我自己訂下規則——不管什麼時候，孩子第一次想買的東西，我都不會立刻答應。
衝動購物～
保留時間去思考到底該不該買這樣東西，
是真的需要嗎？
才能克制衝動性的消費行為。

這好像也可以套用在大人身上耶
總是一時衝動就買下去了！
對呀。
孩子如果想要什麼東西，大人就買給他，不僅很花錢……
孩子可能會覺得，別人買給他、他擁有某樣東西，都是理所當然的。
咦？為什麼我沒有這個？
平常我想要的，
媽媽不都會買給我嗎？
變成什麼事都有人幫他做好，慢慢過著凡事依賴他人的人生。
我不要養出這樣的孩子！
哇～
談到跟金錢有關的話題，
對孩子的持有物品，我也訂了規則。
蛤？持有物品是什麼意思？

妳是否也曾遇過因為大家都有，所以自己也特別想要的狀況呢？
有啊，像是鉛筆或錢包之類的小物品～
好懷念喔！
父母聽到孩子這樣說時，雖然心裡會有點動搖，
但不能因此跟他人做比較。
對每個家庭來說，必需品的定義都不一樣。
你知道嗎？那支大家都有的手錶，其實可以買一百顆蘋果耶～
那你覺得怎麼樣呢？
這麼多唷？
再找其他的東西來代替就好了～
當孩子想買的東西和家裡的消費方針不一致時，父母應該清楚地說明原因，並和孩子一起討論、達成共識。
正因為金錢是維持生活的基礎，一旦缺乏自制力，生活就可能會失控。
好！我們一起來好好思考吧！
好——
好——
透過親子一起思考、制定並遵守金錢使用的原則，就能培養孩子具備自我管理的能力。

每個家庭都有自己的「花錢守則」

面對孩子不斷提出的要求，例如「我要買這個」、「也想要那個」，家長的應對與回應往往非常勞心費力。如果能事先訂定關於金錢的「家庭原則」，就能避免每次面對類似情境時都陷入煩惱或猶豫不決。

每個家庭的原則可能不同，但基本的核心應該是：不要情緒性購物或花錢。在我們家，制訂了兩條關於使用金錢的規則。

第一條是：「就算很想要，也不能第一次看到就買」。即便決定要買，也要用最合適、最划算的方式購買。這樣的做法對孩子來說，是學習控制情緒與行動的有效方式。

如果孩子總是「想要什麼就買什麼」，就會很難培養出感謝的心，因為在他們的認知中，「理所當然會有人幫忙」、「理所當然會擁有東西」。但這樣一來，久而久之就會養成「凡事依賴他人」的習慣。

另一項家庭規則是：「不能因為別人都有就想要」。「別人都有」不能作為購物的理由。確實，看到孩子哀怨地說「只有我沒有」時很容易心軟。但我們的購物需求，並不是為了和其他家庭比較，而是根據預算、自家的消費習慣，以及是否需要來做決定。

舉例來說，我女兒比其他同學更早擁有手機，大約小學四年級就有了。那是因為她經常參加芭蕾演出，回家時間很晚，所以我們希望她能隨時和我們保持聯繫。

相反地，當女兒強力主張「大家都有！」而想要一支昂貴的手錶時，我們則是用她能夠具體想像的方式與她溝通——先讓她了解價格，再一起討論是否值得？是否需要？我們會告訴她：「這相當於100顆蘋果的價格」之類的，讓她更容易理解金錢的價值。

在那之後，我們一起思考：如果不買那支錶，有什麼方式也能獲得同等的滿足？最後，我們一起去找了價格相對較低的替代品。我帶著女兒一起到店裡，讓她在預算範圍內挑選自己喜歡的款式。

沒有幫孩子買下所有「朋友擁有」的東西，並不是可恥的事。如果我們認為家裡的經濟狀況無法負擔這筆支出，也會直接明白地說：這個價格超出我們的消費習慣。同時再以合乎邏輯的方式說明原因。

「不買」不是為了讓孩子學習「忍耐」，而是讓孩子理解，並學會選擇其他方案來解決問題。

學會控制情緒，而不是壓抑情緒

我回來了~
媽媽要趕快準備晚餐了
欸~媽媽~
我想吃餅乾~
只能吃一點點喔
久等囉
媽媽煮好了。
快來吃吧~
我剛剛有吃餅乾吃不下了
我不要吃!
斷線!!!
妳以為我煮飯這麼辛苦是為了誰啊?!
而且妳從剛才開始是什麼態度啊…
貼上~

咦……?!
重子教練……?!
這是什麼……?
這是煩躁貼紙唷♡
當妳感到煩躁的時候，就在孩子面前貼上一張貼紙吧。
咦?我還以為必須隱藏自己的情緒不能讓孩子知道呢。
作為大人和父母……
沒關係~
讓周圍的人知道自己感到煩躁是很重要的喔。
能夠訓練自己以客觀的角度來看待事情。
我都不知道欸
原來可以表現出來呀……

這對孩子來說
也有好處唷。
?
妳怎麼啦？
看到媽媽身上
貼著煩躁貼紙，
孩子就會自然去思考
媽媽為什麼感到煩躁。
與其不斷累積煩躁
直到火山爆發，
不如照實表現出
自己煩躁的感受
不是更為健康嗎？
在之前
我還爆炸了呢⋯
反省中⋯
嗚⋯
因為媽媽
要做的事情
實在太多了。
有時吃點甜的東西
對自己好一點吧～
我偶爾
也會趁孩子
不在的時候
犒賞一下
自己唷。
嘿嘿
其實可以
很大方地在孩子
面前吃東西呀。
當著孩子
的面嗎？
咦？！
為什麼要
躲躲藏藏
的呢？
對呀。

媽媽現在覺得有點煩，所以我要在放鬆時間享用巧克力呦～
妳要一起吃嗎？
探頭
可以這麼說唷。
原來如此
那如果是孩子感到煩躁時，我們應該怎麼做會比較好呢？
吃過巧克力終於冷靜下來了。
嚼嚼
讓孩子也貼上煩躁貼紙吧！
貼上
可是…我還想要玩…
然後再跟孩子進行溝通
那我們該怎麼做比較好呢？
讓孩子去畫畫、到公園玩耍，讓孩子學會自行穩定情緒。

接著就是讓孩子學會不受情緒影響的正確方法。
比如說，像「正念」這樣的方法。
準備一個能讓孩子集中精神的地方，
不用專門準備一個獨立的房間，即使只有一張瑜伽墊也OK唷！
讓他一個人靜靜地深呼吸。
我的正念方法是聽超大聲很嗨的那種音樂☆
ROCK
每個人方法都不一樣♡
等到情緒穩定下來之後，就可以把煩躁貼紙撕下來，
改成貼上微笑貼紙唷。
重子筆記
去文具店買空白貼紙，畫上表情也 OK 唷！
不要壓抑自己煩躁的情緒
請引導孩子使用溫和又健康的方式釋放內心不好的情緒

先從覺察自己的「煩躁」開始

在美國，有一所名為「River School」的學校，是全美首間讓聽障與非聽障學生共同學習的學校。這所學校會使用「情緒感受板」（Feeling Board）幫助孩子學習管理情緒。所謂的「情緒感受板」，是指將情緒寫在板子、卡片或紙上傳達出來的工具。在孩子們的桌上，擺著畫有「快樂（Happy）」、「生氣（Angry）」、「悲傷（Sad）」等字詞和圖案的感受板。孩子們會從中選出自己此刻的情緒，並用語言表達出來。

我得知此方法後，便立刻在家中落實。

重點是，隨著孩子的年紀增長，感受板上的情緒種類也要逐步增加。

例如，我女兒三歲時，感受板上只有「快樂」、「生氣」和「難過」三種情緒，但隨著時間推移，陸續又加入「興奮」、「煩躁」、「心情不佳」、「平靜」等細膩的情緒。

這個做法的好處是，**讓原本詞彙量不足以表達自己情緒的孩子，能夠「善用語言」將感受傳遞出來，取代情緒突然爆發。**

我認為，這是一種能夠將內心感受與語言表達連結起來的絕佳方式。

透過反覆思考「此刻的我，正處於什麼樣的情緒？」的練習，我們也能學會冷靜觀察自己，並接納當下的情緒狀態。

在心理學上，這種能夠客觀認知自我的歷程，稱作「後設認知（meta-cognition）」。而情緒感受板，正是一項有助於孩子培養後設認知能力的有效工具。

關鍵在於，無論父母還是孩子，都不該隨意替情緒做出「好」或「壞」的評價，而是如實地「接納」它。

情緒低落、憤怒、悲傷等感受，並不一定是壞事。即便是負面情緒，也有其存在的必要性，因為那是生而為人不可或缺的一部分。

與其強制壓抑自己的心情，透過情緒感受板表達「我現在很生氣！」，將自己的感受釋放出來，反而是一種對身心來說都更健康的方式。

透過「煩躁貼紙」坦率表達情緒

美國有所幼稚園則使用了「煩躁貼紙」，這是一個類似的方法，推薦大家參考。在這所幼稚園裡，規定當孩子感到生氣或煩躁時，必須要把「煩躁貼紙」貼在自己的名牌上。透過這個動作，能夠使孩子自我認知到「現在很煩躁」的情緒，同時也把這個訊息傳達給周圍的人。

這樣一來，當孩子感到煩躁的時候，就不需要透過態度或言語來表現，或是刻意隱藏，只要貼上貼紙就能夠傳達自己的情緒。

「坦率表達自己的情緒」非常重要，如果沒有將情緒好好表達出來，累積到最終就會像炸藥一樣，一次全部引爆。

如果想要在家中實行這個方法，可以到文具店買「生氣貼紙」（煩躁貼紙）、「笑臉貼紙」（開心貼紙）、「哭泣貼紙」等，並將這些貼紙貼在畫紙或板子上，放在「全家人都能看見的地方」。

或者，你也可以拿筆，在紅色或黃色的圓形貼紙上，畫出「生氣的臉」或「笑臉」

來代替。這樣一來，當孩子感受到「和平常不一樣」的情緒時，就能立即貼上貼紙，把這份感受與身邊的人共享。

這個方法不只適合孩子，更推薦全家人都一起實行。當你感到「好煩躁！」時，就可以直接在孩子面前貼上貼紙。

孩子在過了三歲之後，已經漸漸能夠理解周遭的各種情況。當他看到媽媽貼上煩躁貼紙時，就會開始想：「媽媽好像在生氣？」「為什麼媽媽會覺得煩躁呢？」這樣的覺察與思考，對孩子的成長來說是一件非常重要的事。

除了表達情緒以外，當孩子貼上「煩躁貼紙」時，我們也可以試著問問他：「那你覺得我們現在可以怎麼做？要一起畫畫嗎？」等孩子的情緒緩和下來，就可以撕掉「煩躁貼紙」，改貼上「笑臉貼紙」。

養成這樣的習慣之後，孩子就能夠逐漸學會「不被情緒牽著走」，對情緒的管理能力越來越好。而接下來要介紹的「正念技巧」，也是一項非常實用的輔助工具。

覺得煩的時候，就先把自己關起來

在「River School」，還有另一套情緒管理的方法（提升自制力的技巧），融合了全球矚目的「正念（mindfulness）」概念。

該校規定：「如果發現自己快要發脾氣，就立即到另一個房間做瑜伽。」孩子們會告訴老師「我好像快要生氣了」，然後前往隨時開放的瑜伽空間，做喜歡的瑜伽動作，透過反覆呼吸幫助自己冷靜下來。據說，每個孩子都能在這樣的練習中逐漸平復情緒。

如果在家裡實行，不一定非得做瑜伽。首先，準備一個能讓自己平復情緒的空間。不需要很大的房間，只有一個坐墊大小的地方也可以，沙發也沒問題。甚至，衝到廁所去冷靜一下也無妨。

在那裡靜靜地呼吸，讓心情獲得平靜。

我自己在想要專注的時候——主要是在寫作的時候——會戴上耳機，放大音量來聽音樂。聽著熟悉的旋律，不知不覺間就會停止「聆聽」，進入一種極致的專注狀態。雖然這樣對耳朵不好，我個人其實不太推薦，但這樣的做法確實能讓我進入一種「無」的鬆弛狀態。無論是父母還是孩子，都需要擁有一個這樣的環境與冷靜方式。

幫自己準備好「情緒緩衝墊」

如果我們希望孩子能夠懂得自制，那我們自己也需要展現出自制力才行。

「忍不住想責備孩子」、「忍不住想說不該說的話」，像這種時候，正是父母最需要「自我克制」的時候。我們可以試著採取「除了真正重要的事，其他都先安靜不要說」的態度。

平常就可以思考：如果你明知道這不是必要性的管教，卻仍然想開口罵孩子時，該怎麼讓自己停下來？這樣事前的思想演練，在情緒一湧而上時會很有幫助。

你會怎麼做呢？

對我而言，「在冰箱上貼便利貼提醒自己」就非常有效。

我女兒從兩、三歲就開始學滑雪和滑冰。我個人非常不擅長這類滑行的運動，所以在女兒學習的過程中，我總是不斷脫口驚呼「太危險了！」、「這樣不行！」。

即使她明明接受了正規的課程訓練，那些動作對這年齡的孩子來說也游刃有餘，我仍然無法控制自己的情緒與反應（因為對我來說，那根本是完全辦不到的事！）。

但我後來意識到，如果媽媽不斷在旁邊喊著「危險！」、「小心！」，反而會讓孩

子產生不必要的恐懼感。於是便下定決心，從此不在女兒滑雪或滑冰時多嘴。為此，我還親手寫了一張紙條：「在女兒滑雪和滑冰時不提『危險』二字」，貼在冰箱上。每一次看到那張紙條，就像重新提醒一次自己：「不要再說危險了！」，這樣一來，我也能夠克制自己的情緒與反應。

除此之外，事先想好焦慮煩躁時的轉換方式也很有用。我把這樣的方法稱為**「情緒緩衝墊」**。

在女兒還小的時候，我只要開始感覺心情焦躁不安，就會立刻告訴自己：「現在是我的放鬆時間！」，然後吃掉一塊高級巧克力。面對煩躁或情緒低落時，我發現用一點幽默感來對抗非常有效。

「媽媽有點太努力了，現在變得很煩躁，所以要進入放鬆時間！」像這樣邊笑邊品嚐巧克力，心裡也會漸漸生出一點餘裕。

感到煩躁、焦慮、不安，正是自己拼命過頭的證據。這種時候最需要的，其實是犒賞一下自己，並且暫時對自己更好一點。

我們常常會苛求自己——「不可以感到厭煩」，然後因為不小心破功而陷入自責的循環。然而，在每天忙碌、切換各種角色的生活裡，要一直保持正向的情緒，確實是太強人所難。我們真的很努力了。

所以，千萬不要因為自己的煩躁而苛責自己，反而要更寬容地對待自己。

「這麼忙，會覺得煩也是理所當然的啊。」請試著溫柔對自己加油打氣，然後，好好給自己一些空間。

不要總是壓抑或忍耐自己的情緒，我們要更溫柔地對待自己，做自己喜歡的事情，吃自己喜歡的食物，才能夠舒緩煩躁的心情。

沒有必要無條件地忍耐，但為了美好的未來，我們願意適時且適當地克制自己；不需要壓抑自己的情緒，以健康的方式表達真實情感，更能溫柔而堅定地前行。

這樣的態度與狀態，是我們希望能夠讓孩子看到的模樣。

站起
老實說，您認為現行的考試制度如何呢？
贊成?!
反對?!
妳們這是怎麼了～
呼～
呼～
呼～
呼～
果然還是要透過考試才能培養非認知能力對吧?!
嗯嗯～
不對唷，如果只會聽從父母的話，有可能會養成無法表達自己意見的孩子對不對?!
考試的確有可能培養出非認知能力，但同時也有損失的一面呢！
都有啊…
咦～

現在的時代很多元化，到處都充斥著各式各樣的資訊。
小學和國中的升學考試，可能會成為父母一種安心的保障呢。
但是，並不是考上理想學校就算成功唷，
嚴厲
重點是在放榜之前的過程有沒有成功？
咦？
可是順利考上好學校才算是最成功的吧？
我說得難聽一點
考試結果其實不就是為了父母的面子嗎？
小聲…

這…這個嘛…
當然會希望他考上
比別人更好的學校嘛。
流汗～
也會希望他
在補習班能
考出好成績呀
緊張！
因為我以前沒考上，
所以想讓孩子去
考一下試試嘛。
可是，這些全都會造成
反效果喔♡
指正
咦咦?!
怎麼可能?!
因為父母愛子心切，
可能會導致妳們
說出這些話吧？
我都是為你好
才要這麼說。
飄～
你真的有
認真念書嗎？
飄～
我的孩子
一定考得上！
飄～
呃我有說過…
我確實
有說過欸…

就算在這種環境下真的考上了，
砰砰！！
砰砰！！
妳們認為孩子真的能培育出對自我的肯定感和自主性嗎？
呼～
嚇～～
砰砰！！
聽到這些話一定會產生壓力嘛。
嗯…
因為考試既花錢又花時間，父母不禁也會想多幫忙盡一份心力。
但請謹記要貫徹後援的角色
可是後援到底該怎麼做才好呢…
好像會不小心講出不該講的話耶…
我們…嗎…？
媽媽也要鍛鍊自己的自制力唷♡

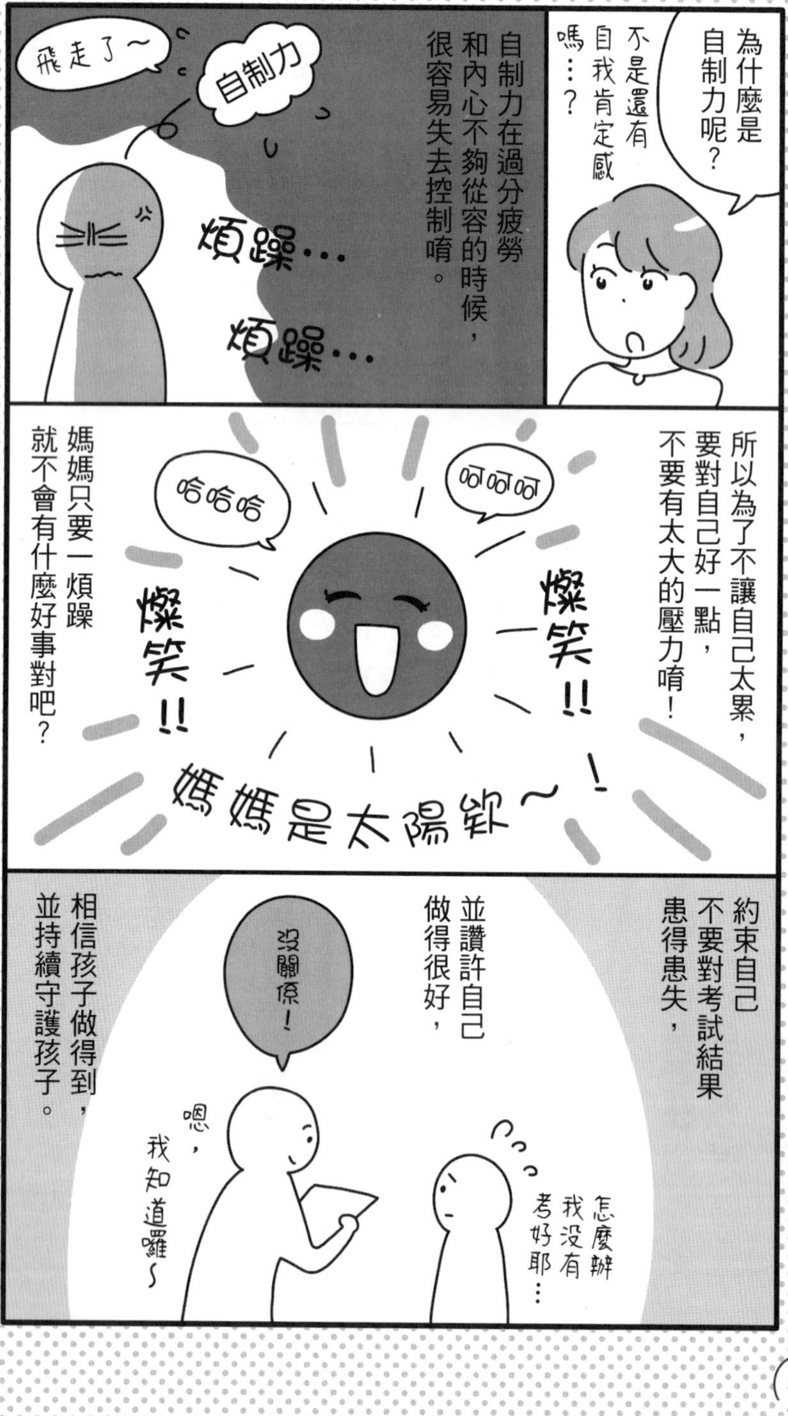

為什麼是自制力呢？
不是還有自我肯定感嗎…？
自制力在過分疲勞和內心不夠從容的時候，很容易失去控制唷。
飛走了～
自制力
煩躁…
煩躁…
所以為了不讓自己太累，要對自己好一點，不要有太大的壓力唷！
呵呵呵
哈哈哈
燦笑!!
燦笑!!
媽媽只要一煩躁就不會有什麼好事對吧？
媽媽是太陽欸～！
約束自己不要對考試結果患得患失，
並讚許自己做得很好，
相信孩子做得到，並持續守護孩子。
沒關係！
嗯，我知道囉～
怎麼辦我沒有考好耶…

親子透過互相扶持、理解的過程，
便能加強未來的親子關係唷。
所以就算考得不盡理想也不見得是壞事喔。
原來如此啊～
我明白了！
只要認為自己已經盡了全力就算是成功啦！
只要把環境準備好，孩子就能靠自己的力量獲得幸福唷。
父母的陪伴方式不同孩子告別考場後的人生也會是條專屬的花路♡

在瞬息萬變的時代，父母該如何看待「入學考」？

在本書的最後，我想花一點篇幅談談「入學考」——尤其是國小或國中，也就是年紀尚幼的孩子面對的升學挑戰，大多是家長搶破頭希望將孩子送進去的私立名校。選擇這個主題，是因為我認為，**「入學考試」是教養過程中對父母自制力的一大考驗。**

「您對於入學考試，是採取支持態度，還是持反對的立場呢？」這是我最常被問到的問題。我既不是推崇者，也並非否定者。對我來說，我傾向把入學考試視作一種客觀存在的現實。此外，我也相信，**入學考試有可能成為培養孩子非認知能力的契機，但與此同時，也有可能對其造成嚴重傷害。**

全球化、多元化、AI化、教育制度改革、工作型態改變、女性意識崛起、人生百年時代……這個時代的變化日新月異，過去那套「成功定律」放在現今社會已不再適用。在這樣的時代中育兒，父母的腦海裡經常湧現各種思緒，再加上資訊氾濫的影響，每當思及孩子未來的方向，作為大人的我們，心中也難免會感到迷惘。

正因如此，考慮孩子將來的發展，「提早進入明星學校」或許也是一個讓人安心的選項。我自己當初在幫女兒挑選幼兒園，發現需要面談時，也曾經暗自祈禱：「希望這

輩子只經歷一次就好」，於是以能一路直升到高中的學校為優先考量。

一旦決定參加考試，備考時間可能長達三、四年，這對親子來說都是一段需要共同努力的歷程，簡直無比漫長。如果決定走這條路，我希望各位家長能夠讓這段時光，成為孩子真正掌握「成功」的契機。

所謂的「成功」，究竟是什麼呢？非認知能力被證實與人生的「幸福」與「成功」有著高度的關聯性。從這個角度來看，**我認為「真正的成功」，並不在於考試及格與否，而是在於通往那個結果的「過程」。**

即使考上了，也可能是一次「失敗」的考試；即使落榜了，也可能是一次「成功」的經驗。所謂的成功或失敗，並不是絕對。

關鍵在於，無論結果如何，孩子都能確實感受到「自己盡了最大努力」，這樣的體驗將成為他今後人生的支撐力量。同樣地，那段不論是否如願考上理想學校的時光，親子間彼此尊重與守護的過程，也將成為日後建立在信任基礎上的穩固關係。

考試不是終點，只是人生旅途中的一個節點，將從此處再延伸出下一段路途。而且，實際上背負這個結果往前走的也不是父母，而是孩子自己。因此，真正重要的不是有沒有考上，而是孩子抵達那裡的「過程」。

在這段過程中支持孩子的人，正是父母。我衷心希望，父母能夠以一種讓孩子日後能以堅強心志走出人生道路的方式來陪伴他們。

那麼，在這個過程中，父母該如何扮演好後援的角色呢？

在「入學考試」中培養的能力

入學考試對每個孩子來說，都是「僅此一次」的機會，因此家長往往會產生「不能失敗」、「一旦失敗就無法挽回」的強烈壓力感。再加上考試結果是公開的，更容易引發各種自我意識與虛榮心的干擾。

家長可能會因為孩子的成績患得患失，甚至焦慮不安，情緒一觸即發；也可能將孩子的表現視為對自己的評價，感受到自尊受挫，迷失在家長之間的競爭中。

此外，為了讓孩子順利進入明星學校，投入的金錢、時間與精力，也往往令人筋疲力竭，有時甚至讓人產生「彷彿是自己在參加考試」的錯覺。

當孩子來到這個世界時，我們原本只是抱持著「孩子健康就好」的微小願望，卻在不知不覺間，開始不斷要求「還要再更多、更好」。

有著這樣想法的父母，難道是不稱職的父母嗎？

不是，絕對不是。這樣的父母，其實是深深愛著孩子的、最棒的父母。

我們需要的只是提醒自己，我們是「陪伴與支持孩子」的後援角色。之所以會讓考試變成「父母的人生課題」，最初的想法往往是因為，打從心底在乎孩子，不想讓他嘗到失敗的痛苦、更不希望見到他傷心失望的表情。

但也許在不知不覺中，壓力會讓人開始用某些言語或非言語的方式，向孩子傳遞出非本意的訊號。

- 「我這麼說都是為了你好。」
- 「為什麼不照我說的去做？」
- 「為什麼你就是做不到呢？」
- 「你到底有沒有認真念書啊？」
- 「你這種成績哪裡都考不上，乾脆不要考了。」
- 「連他都考上了。」「你哥那時候輕鬆就考上了。」
- 「不準讀分數低於〇〇的學校，就算考上我也不會付學費。」

- 「考不上就算了，反正妳是女孩子嘛。」
- 「反正你也不可能辦得到。」
- 「你本來就不擅長念書。」
- 「你每到重要時刻就問題一堆。」
- 「沒考上就完蛋了。」
- 「沒考上也太丟臉了，念那什麼學校！」
- 「我的孩子就是沒用。」「我的孩子怎麼可能沒考上。」
- 用面子或社會觀感來替孩子挑學校
- 認為孩子和自己是一樣的
- 對模擬考成績患得患失
- 試圖透過孩子實現自己當年未完成的夢想
- 父母的做法永遠是對的
- 不願意傾聽孩子的心聲
- 把孩子的表現當成對自己的評價

這些言語與行為，與本書所提倡的教養方式，無疑是「完全相反」。即使在這樣的環境和父母的態度下，孩子考取了理想學校，他們之後是否能夠擁有自我肯定感、主體性、自我效能感與自律心，健康長久地走下去呢？

相反地，只要父母為孩子營造出良好的成長環境，孩子就能學會主動思考如何讓自己幸福，並一步步開創屬於自己的道路。只要父母的陪伴方式有助於培養孩子的非認知能力，無論考試結果如何，孩子的人生都會在那個「節點」之後繼續綻放。

因此，我真心希望，這段應試過程能成為孩子邁向真正成功的寶貴經驗。

為了達成這一點，我們可以做的，就是建立本書中提到的四種環境。而在這之中，最重要的，是**父母要鍛鍊自己的自制力，讓自己能專心扮演「支持者」的角色**。

但無論如何，請記得，人一旦陷入疲憊狀態，自制力就會瞬間瓦解。這時候，即使心裡知道「這樣的說詞不太好」，也很難克制自己不說出口。因此，更重要的是先學會對自己寬容，不讓壓力過度堆積。

父母，尤其是媽媽的壓力，會對家庭氣氛造成很大的影響。

當大人無法妥善調節自己的壓力時，這種缺乏餘裕的緊繃狀態，往往會導致過度嚴厲的責罵、爭吵，甚至最終演變成體罰。

而壓力，本身就是妨礙非認知能力發展的重要因素。爭吵對孩子來說，是非常強烈的壓力來源。當孩子長期處於壓力之中，就會啟動所謂的「Fight or Flight Response（戰鬥或逃跑反應）」系統，進入一種時刻警戒、準備應對危機的狀態。而在這樣的狀態下，孩子很難真正感到安心，也難以專心學習。

在陪伴孩子應對升學考試的過程中，最重要的是父母自己不要累積過度的壓力，並能隨時保持自制，專心扮演好支持者的角色。要學會約束自己隨著結果而波動的情緒，並誇獎那個努力控制情緒的自己，相信「這孩子一定沒問題」，用信任的眼光守護他。

同時，也別忘了告訴孩子：「有什麼需要幫忙的，隨時告訴我。」讓孩子知道你一直都在旁邊默默支持著他，讓他感到安心。即使內心可能還會有虛榮、執著、比較的聲音，也要學會放下自己的期待，傾聽孩子的想法，從孩子的立場出發，一起決定目標學校，並全力為孩子的夢想加油。

如此一來，無論考試結果如何，孩子終將學會創造屬於自己的幸福人生。而能夠培養出這樣孩子的關鍵，正是本書中所介紹的——由父母所營造出的四種環境。

沒問題的，你一定做得到。因為你愛著你的孩子。

正因為愛，這一切你都能夠做到。衷心為你加油，打氣！

CHANGE

讓孩子遵守約定好的規則

↓

全家一起制定規則、一起遵守

MESSAGE

對規則採取主動積極的態度，
將成為孩子未來自我管理能力的基礎。

父母真實、充實生活的樣子，將映照出孩子未來的模樣。正因如此，父母能快樂地生活，對培養孩子的自制力非常重要。
如果孩子總是聽到父母抱怨「啊，好無聊」、「我受不了了」，他們可能會想：「原來大人一點都不快樂，那我認真讀書又有什麼好處？」
我們之所以能約束自己而努力，是因為相信「做好這件事後會有美好的結果」。希望你能讓孩子看到你快樂生活的狀態，為他們心裡注入正向的力量。

結語——「成為母親」的歷程

由衷感謝你／妳閱讀到最後。

在我二〇一八年第一次出版教養書後，至今已過了七年。即使到現在，被稱為「親子教養作家」，我仍然感覺到不習慣、不適應。

因為對我來說，從來不曾覺得自己是在寫一本教養書。我一直覺得，自己只是把「我如何成為母親」的過程如實記錄下來，僅此而已。

女性只要生了孩子，就會自然而然成為「母親」嗎？

女性擁有母性，所以天生就具備養育孩子的本能嗎？

或許，有些人真的是如此也說不定。但對我而言，並非如此。

對我來說，「成為母親」是一場必須面對自我的過程。

畢竟，在女兒出生的那一刻，我腦中閃過的第一個念頭竟然是——「我不希望她變成像我這樣的人。」

自我肯定感低落、缺乏自信，也沒有特別喜歡的事情。一直活在「反正我這樣的人也沒什麼用」的想法裡。我絕對不希望女兒變成像我這樣的人。

抱著剛出生的女兒，我不禁喃喃自語：「糟了，該怎麼辦呢？」結果慌了手腳的反而是我先生，因為他一直以為「女人天生就會帶孩子」。

我們的育兒生活從華盛頓特區開始，既不時尚，也不優雅，而是在無數挫折中摸索出路的艱難試驗。

不久後，為了不讓女兒重蹈我的覆轍，我開始尋找新的育兒方式，並接觸到當時逐漸受到矚目的「非認知能力」理念。從那時起，我自己的人生與育兒歷程便開始產生轉變，而這本書，記錄的正是那段改變的軌跡。

在這個變化劇烈的社會中，與其被淘汰，不如學會駕馭變化；無論何時，都能珍惜自己、相信「我可以做到」，積極開創精彩的人生，管理自己的言行與情緒，做出負責任的決策，成為社會中具有貢獻的一員。

能夠培養出這樣的孩子，那將是多麼美好的事。懷抱著這種想法，我不斷實踐著非認知能力的教養方式。

但是，我所做的事情，真的能算是「教養孩子」嗎？

我女兒絲凱在十八歲時，入住大學宿舍離開了家。去年，她從大學畢業，作為一名新鮮人，開始走上屬於自己的人生道路。對我而言，這二十三年來的每一刻，都不只是「教養孩子」，而是一場「與自己對話的挑戰」。

那是一場挑戰——作為女兒眼中的榜樣，透過自己的背影，展現「人生該怎麼活」。而我至今所寫的這些「教養書」，正是將那段經歷記錄下來的具體成果。

其中，本書是我實踐「非認知能力教養」的核心意義，這本入門書，收錄的全是我在面對自己、思考自己應成為怎樣的榜樣時，堅持實踐的事。

如果我成為母親的過程，能為正在努力培養孩子、希望他們在瞬息萬變的社會中，活出自我而努力奮鬥的家長帶來一點啟發，那將是我莫大的榮幸。

這本新書的製作過程中，我得到了許多人的支持與協助。

我要特別感謝在本書製作期間給予我幫助的各位：負責日本版編輯工作的 Sunmark 出版社橋口英惠小姐、協助內容與排版的山守麻衣小姐、以可愛插圖為我的非認知能力教養注入嶄新視野的插畫家山崎實乃里小姐，以及來自 AppleSeed Agency、帶領大家一

同全力以赴、創造超乎期待成果的宮原陽介先生。

感謝每一位參與本書製作的夥伴，是你們讓這本書得以誕生。能與你們一起完成這本作品，是我莫大的榮幸。

Thank you for believing in me and giving me a chance.

（謝謝你們相信我，並給我這個機會。）

此外，我也想將最大的感謝與愛，獻給與我一同肩負使命、致力於推廣「女性幸福」與「孩子非認知能力」的夥伴們——BYBS（Be Your Best Self）非認知能力教養教練，以及正在接受教練培訓的BYBS姐妹們。

一個人所能做到的事情或許有限，但只要大家攜手，就能走得更遠，讓更多家長學會培養孩子非認知能力的技巧。有你們在身邊，真的讓我感到無比踏實與安心。

I am so grateful for your support and love.

（謝謝你們的支持與愛。）

在我埋首寫作、日夜顛倒、封閉在自己的世界裡時，始終支持著我的，是提姆。雖然讓你承受了寂寞，卻從未抱怨一句，只默默守護著我。

Because of you, I am where I am. I love you forever.

（因為有你，我才能走到今天。我永遠愛你。）

還有剛踏入社會的新鮮人——親愛的絲凱。是因為妳，媽媽才能真正找回自己。未來妳仍會遇到各種挑戰，但請相信妳一定能克服，活出最貼近自己、最幸福的人生。

You are my forever inspiration. I love you with my everything.

（妳永遠是我的靈感來源，我傾我所有地愛著妳。）

最後，我要將這本傾注我最大愛與熱情完成的書，獻給所有身處新時代、正在育兒路上的人們。

教養孩子，是一份終有盡頭的工作，而且往往轉瞬即逝。

也正因如此，請好好珍惜、並享受每一個瞬間吧。

Yes, you can. Because you are the best!

博克重子

台灣廣廈國際出版集團
Taiwan Mansion International Group

國家圖書館出版品預行編目（CIP）資料

不命令，讓孩子自己動起來！：高情商媽媽教你轉換說話模式，自然培育未來人才所需的非認知能力與SEL情緒教養/ 博克重子著；李亞妮譯. -- 初版. -- 新北市：台灣廣廈, 2025.09
320面；14.8×21公分
ISBN 978-986-130-669-8（平裝）
1.CST: 親職教育 2.CST: 子女教育

528.2　　114010465

台灣
廣廈

不命令，讓孩子自己動起來！

高情商媽媽教你轉換說話模式，自然培育未來人才所需的非認知能力與SEL情緒教養

作　　者／博克重子
譯　　者／李亞妮

編輯中心總編輯／蔡沐晨・**編輯**／黃緹羚
封面設計／曾詩涵・**內頁排版**／菩薩蠻數位文化有限公司
製版・印刷・裝訂／東豪・弼聖/紘億・秉成

行企研發中心總監／陳冠蒨
媒體公關組／陳柔彣
綜合業務組／何欣穎

發 行 人／江媛珍
法 律 顧 問／第一國際法律事務所 余淑杏律師・北辰著作權事務所 蕭雄淋律師
出　　版／台灣廣廈
發　　行／台灣廣廈有聲圖書有限公司
地址：新北市235中和區中山路二段359巷7號2樓
電話：（886）2-2225-5777・傳真：（886）2-2225-8052

代理印務・全球總經銷／知遠文化事業有限公司
地址：新北市222深坑區北深路三段155巷25號5樓
電話：（886）2-2664-8800・傳真：（886）2-2664-8801
郵 政 劃 撥／劃撥帳號：18836722
劃撥戶名：知遠文化事業有限公司（※單次購書金額未達1000元，請另付70元郵資。）

■出版日期：2025年09月

ISBN：978-986-130-669-8